The Pastoral Epistles

도한호 박사의 목회서신

하기서원

M.E.S.S.A.G.E

저자의 말

신학대학에서 4년 또는 7년 동안 정성껏 일꾼을 양육해서 교회에 내보내는데도 교회로부터는 이유 있는 민원이 많이 발생했습니다. 전도사 면접을 했더니 보수부터 따지더라, 게을러서 제시간에 출근하는 법이 없다, 예의가 없다, 설교 하나 제대로 못한다 등등.

신학대학 총장으로서 이런 민원을 접할 때는 책임감을 느끼는 한 편 부끄럽기 이루 말할 수 없었습니다. 제자들을 변호할 말이 없는 것이 아니지만 구차한 변명보다는 그들이 재학 중에 미처 배우지 못한 목회 이야기와 인간관계, 예의범절 등을 서신 형식으로 써서 가르침을 보충해야겠다는 생각을 하게 되었습니다.

저자의 말

이것은 대학의 행정과 교육을 책임진 총장이 젊은 졸업생 목회자들에게 주는 서신이므로 처음에는 「도한호 총장의 목회서신」이라는 제목으로 글을 발표했습니다. 그러나 필자가 만년 총장이 아니므로 제목에서는 '총장' 대신 '박사'라는 호칭을 붙였습니다.

한 생애를 목회에 바친 원로 목사들을 제쳐놓고 이런 글을 책으로 펴내게 된 것은 바로 이런 이유에서입니다. 이 책의 독자는 오직 젊은 목회자들이라는 사실을 재삼 강조하는 바입니다.

지난 2년여 동안 105편을 써서 매주 「침례신문」에 발표했던 것을 한데 묶었습니다. 여러분의 목회 장도에 작으나마 유익이 되기 바랍니다.

2012년 광복절
도 한 호

C.O.N.T.E.N.T.S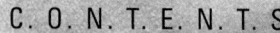

제01서신	나의 목회	_10
제02서신	사회자(司會者)	_12
제03서신	안수식과 의식예배	_15
제04서신	의식예배의 순서 담당자	_18
제05서신	예배기도와 목회기도	_21
제06서신	「개역개정판」 성경	_24
제07서신	[새]찬송가	_27
제08서신	예배음악과 강대상	_30
제09서신	사진과 기록물 관리	_33
제10서신	신을 신고 강단에 오르는 문제	_36
제11서신	예배와 미사제사	_39
제12서신	대화의 법칙	_42
제13서신	부사역자 수칙	_45
제14서신	바른 인사	_48
제15서신	강단 예절	_51
제16서신	예배 특성화	_54
제17서신	환영사	_57
제18서신	강단에서 잘못 사용되는 우리말(1)	_60
제19서신	강단에서 잘못 사용되는 우리말(2) - 복(福)과 축복(祝福), 하도록	_63

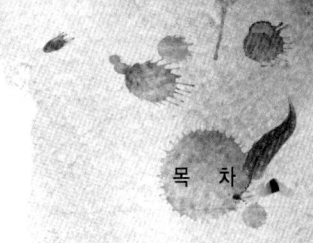

제20서신	강단에서 잘못 사용되는 우리말(3) - 미래형, 수동형	_66
제21서신	강단에서 잘못 사용되는 우리말(4) - '라고' 사용의 문제점	_68
제22서신	설교(1)	_71
제23서신	강단에서 잘못 사용되는 우리말(5) - 반말과 존댓말	_74
제24서신	가운	_77
제25서신	축도	_80
제26서신	신조와 신경	_83
제27서신	재세례파(Anabaptist)	_86
제28서신	안내	_89
제29서신	강사소개	_92
제30서신	강단에서 잘못 사용되는 우리말(6) - 엉뚱한 미래형	_95
제31서신	개교회주의(個教會主義)	_98
제32서신	로마 가톨릭교회와 정교회	_101
제33서신	교파의 창시자	_104
제34서신	예배에서 삼가야 할 일	_106
제35서신	전화와 운전	_109

제36서신	교회의 재정관리	_112
제37서신	목회자 개인의 경제생활	_115
제38서신	자연친화적 교회(1) - 정원관리	_118
제39서신	자연친화적 교회(2) - 교회와 나무	_121
제40서신	자연친화적 교회(3) - 난초에 대하여	_124
제41서신	자연친화적 교회(4) - 수종(樹種)과 위치 선정	_127
제42서신	자연친화적 교회(5) - 사람과 나무	_131
제43서신	기도에 대하여	_134
제44서신	예언자	_137
제45서신	설교(2)	_140
제46서신	사탄	_143
제47서신	근본적인 것과 기본적인 것	_146
제48서신	식탁예절	_149
제49서신	결혼식: 잔치에서 의식으로	_152
제50서신	신언서판(身言書判)	_155

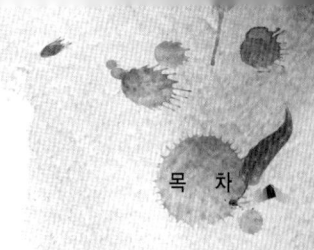

목 차

제51서신	시간에 대하여	_158
제52서신	박사 학위	_161
제53서신	노년(老年)의 십계명	_164
제54서신	추천서	_167
제55서신	선생	_170
제56서신	종교 간의 대화	_173
제57서신	손님 대접 - 나그네와 주인	_176
제58서신	말(言語)	_179
제59서신	상담자로서의 목회자	_182
제60서신	불필요한 상황설정	_185
제61서신	예배와 찬양	_188
제62서신	기부금	_191
제63서신	다른 목회	_194
제64서신	인터뷰(1)	_197
제65서신	인터뷰(2)	_200
제66서신	명함(名銜)	_203
제67서신	추포가(秋浦歌)	_206
제68서신	총회와 산하기관	_209
제69서신	로마교회의 성서관	_212

제70서신	우남 상탐(*Unam Sanctam*)	_215
제71서신	종부성사(終傅聖事)	_218
제72서신	마르부르크 회담	_221
제73서신	부사역자의 덕목(德目)과 금기(禁忌)	_224
제74서신	부사역자의 신분보장과 처우(處遇)	_227
제75서신	의식예배 진행과 순서, 종합 - 예배냐 친목회냐	_230
제76서신	초청설교 - 시의(時宜)에 맞는	_233
제77서신	두 유 리멤버 미?	_236
제78서신	목사직(職)에 대하여	_239
제79서신	사모(師母)	_242
제80서신	예산(豫算)	_245
제81서신	홈페이지	_248
제82서신	무고(誣告)와 비방	_251
제83서신	교지(敎誌)와 문예활동	_254
제84서신	완장	_257
제85서신	세미나와 포럼	_260
제86서신	목회현장의 시련	_263
제87서신	목사의 금기(禁忌)	_266

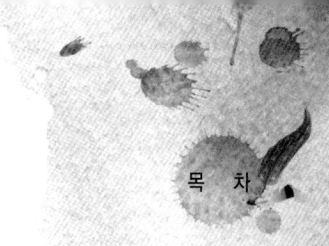
목 차

제88서신	80퍼센트	_269
제89서신	치리권(治理權)	_272
제90서신	교회건축과 공간이용	_275
제91서신	십일조	_278
제92서신	절제의 미덕	_281
제93서신	떠나는 목사 - 교회의 입장에서	_284
제94서신	제스처(gesture)	_287
제95서신	목사의 인간관계	_290
제96서신	성경봉독과 교독	_293
제97서신	사용하지 말아야 할 말	_296
제98서신	식사초대	_299
제99서신	가정교육	_302
제100서신	휴가	_305
제101서신	시간이 없어서	_308
제102서신	오늘의 선교	_311
제103서신	목사 칼럼	_314
제104서신	추천과 청탁	_317
제105서신	광고(廣告)	_320

제1 서신

도한호 박사의 牧會書信

나의 목회

넓은 의미에서 목회(牧會)는 그리스도인의 삶 전체를 의미한다 하겠다. 그래서 우리 대학 생활관 현관에는 건물의 이름 대신 "生活卽牧會"라는 현판이 걸려 있다. 이것은 "양떼를 치는 목회자의 삶"만이 목회가 아니라, 성별된 목회자를 포함해서 신자들 각자의 삶이 곧 목회 현장이라는 교훈이다.

하나님께서는 성별하신 종에게 각각 고유한 임무와 삶을 주셨다. 그 고유한 임무들이 조화를 이루며 수행될 때, 마치 하나하나의 악기로 구성된 오케스트라가 조화 속에서 아름다운 음악을 연주하듯이 하나님의 뜻이 조화와 균형 속에서 실현될 수 있을 것이다. 솔바람과 눈과 어름과 굴뚝에서 피어오르는 저녁연기가 아름다운 겨울 풍경을 만들고, 꽃과 나비와 새싹들이 봄을 연출하는 것처럼 만물은 각각 고유한 성격과 할 일을 가지고 창조되었다. 만약 봄이 차가운 북풍을 몰아오고 겨울이 홍수를 불러 온다면 자연은 금방 균형을 잃

나의 목회

게 될 것이며 사람들은 그것을 이변(異變)이라 할 것이다. 봄은 봄이 해야 할 고유한 일을 연출해야 하고 여름은 여름만이 할 수 있는 일을 수행해야 한다는 말이다.

오케스트라에서, 드럼 연주자가 자기 연주는 소홀히 하면서 옆에 있는 콘트라베이스 연주자를 간섭한다거나 바이올린 연주자가 첼로 곡을 연주한다면 그 연주가 어떻게 될까? 나는 우리 교단과 교계 또는 나라 일을 보면서 가끔은 막돼먹은 오케스트라를 보는 느낌을 가질 때가 있다. 실재로 그런 오케스트라는 있지도 않은데….

무릇 목회자는 자신의 목회를 소중이 여겨야 할 것이며 동시에 그 만큼 남의 목회를 존중할 줄 알아야 한다. 하나님께서 내게 어떤 직분, 어떤 방법, 어떤 양떼를 주셨는가를 생각하고 자신의 목회에 전념할 일이다. 다윗은 그의 시편에서, "내게 줄로 재어준 구역은 아름다운 곳에 있음이여 나의 기업이 실로 아름답도다"하고 노래했다(시 16:6). 먼저 하나님께서 줄로 재어주신 구역을 알고 그 구역 일에 충실할 것이며, 같은 하나님께서 줄로 재어주신 다른 사람의 구역을 침범해서는 안 될 것이다.

목회가 하나님의 일이라는 확신이 있다면 어렵다고 실망할 일이 아니며, 잘된다고 우쭐할 일도 아닐 것이다. 다만 주어진 "나의 목회"에 신명(神命)을 걸 일이다.

제2서신

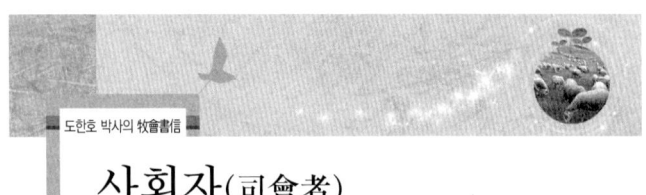

도한호 박사의 牧會書信

사회자(司會者)

교회마다 여러 가지 의식을 수행하게 되며 의식을 행할 때는 사회자를 세우기 마련이다. 텔레비전이나 라디오에는 사회자를 흔히 MC(Master of Ceremony)라고 부르는데, 이는 알다시피 그 행사의 주인, 곧 행사를 주관하는 사람이라는 의미이다. 침례교회에서는 대개 담임목사가 사회와 말씀 선포를 겸하지만, 안수식, 헌당식, 결혼식 등의 의식예배에는 별도의 사회자를 세운다.

그런데 사회자가 지나쳐서 예배와 의식을 지연시키거나 변질시키는 경우가 간혹 있다. 우리가 알아야 할 것은, 사회자는 순서대로 의식을 진행하는 사람이지 순서를 해설하거나 없는 순서를 만들어서 이 사람 저 사람을 불러 세우거나 자의로 의식을 주관하는 사람이 아니라는 사실이다.

사회자

나는 직책상 의식 예배에 많이 참석하면서 "잘못하는 사회자의 유형"을 정리해 보았다.

첫째로, 시간을 지키지 않는 사회자
둘째로, 이 사람 저 사람과 귓속말을 하는 사회자
셋째로, 거듭해서 박수를 요청하는 사회자
넷째로, 순서마다 불필요한 설명이나 개인적 소감을 덧붙이는 사회자
다섯째로, 순서를 앞으로 밀고 나가지 못하고 제자리에서 머뭇거리며 시간을 끄는 사회자

순서에 든 사람이 제때에 참석하지 못할 경우에도 웬만하면 시간에 맞추어 시작하고 늦게 참석하는 이는 나중에 기회를 주면 될 것이다. 박수는 순서를 진행한 후에 한 번 치는 것이지 친 박수를 또 치라고 하고 또 치라고 해서 박수의 의미를 퇴색 시켜서는 안 될 것이다. 이렇게 해서 예배나 의식을 지연시키는 행위는 지양해야 한다. 사회자는 언제나 순서를 신속 과감하게 앞으로 밀고 나가야지 제자리에 머물러서는 안 될 것이다.

사회자

목회자는 목회뿐 아니라 생활면에서도 사회자의 입장에서 매사에 간단명료하고 지루함이 없어야 한다. 이유 없이 교회를 떠나는 이들의 상당수가 장황한 말 때문이란 사실을 알아야 할 것이다. 말이 길면 외로워진다.

안수식과 의식예배

안수식을 포함해서 예식을 1부, 2부, 3부 등으로 나누고 각 부마다 앞서 부른 찬송과 기도를 거듭하는 것을 가끔 본다. 먼저 예배를 드리고 식을 거행하는 것은 좋으나 의식과 예배를 1부, 2부 등으로 구분할 필요는 없을 것이다.

의식을 집행할 때, 축사와 권면과 치사와 격려사 등 모든 순서가 다 설교와 같은데 굳이 설교를 따로 할 필요가 있는가 하는 문제는 제고해 볼 일이다. 필자 자신이 20여 년 전에, 학위수여식의 설교를 권면으로 대신하자는 제안을 한 바 있었으나 오해의 소지가 있고 또 목회자들의 의식의 전환이 필요하다는 이유로 실행에 옮기지 못한 바 있다. 이와 같은 변화를 시도하는 것은 예배를 가볍게 생각해서가 아니라 수행하는 의식의 일차적 의미에 충실하기 위해서라고 생각해야 할 것이다.

안수식과 예배의식

의식예배에서 유의해야 할 점 몇 가지

1) 축하하러 온 내빈들이 대부분을 차지하는 예배에서 그 교회 신자들끼리 장시간 꽃다발이나 선물, 감사패 등을 주고받는 것은 좋지 않다. 그런 것은 그 교회 신자들만의 예배에서 할 일이다.

2) 헌금 순서를 넣는 것도 이와 마찬가지일 것이다. 하객(賀客)들에게 여비를 제공하지는 못할지라도 헌금을 하게 하는 것은 이치에도 맞지 않고 예의에도 어긋난 일이라 하겠다. 축의금을 가져온 이들은 개인적으로 전달하거나 헌금함에 넣으면 될 것이다.

3) 예배에 앞서 계속 음악을 연주하거나 찬양을 인도하는 것은 분위기를 산만하게 만든다. 그런 찬양은 말씀으로 은혜받기 위한 예배에서 하게 하고 의식예배에서는 오랜만에 만나는 내빈들끼리 서로 눈인사도 하고 조용히 기다리도록 의식다운 경건함을 유지하는 것이 좋을 것이다. 굳이 찬양을 하려면 인도자들에게 의식의 의미와 일치하는 단정한 복장을 하게 하고 찬송도 격에 맞는 것을 지정해 주어야 할 것이다.

안수식과 예배의식

  4) 축사나 권면을 하는 인사가 자신을 사회자로 착각한 듯 어떤 사람을 지적해서 일으켜 세워 박수를 치자든가 감사패 등을 가져와서 임의로 수여하는 일은 삼가야 한다. 그런 일은 사회자만이 할 수 있는 일이다.

  5) 주최 측 교회는 행사에 몰입되어서 내빈들의 사정을 헤아리지 못하는 경우가 종종 있다. 경사를 치루면서 시간에 매일 필요는 없다하겠지만 행사에는 불필요한 순서와 치렛말을 제하고, 간단하게 이끌어야 한다. 하나님께서 세상을 간단하게 창조 하셨으므로 아마도 간단한 것이 매사의 원형(原形)일 것이다.

제4서신

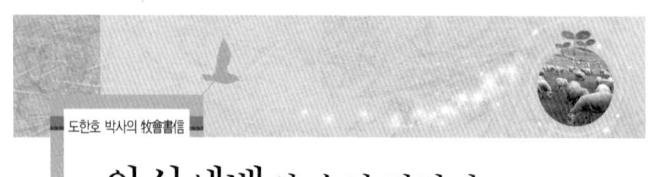

의식예배의 순서 담당자

 행사 주최 측에서 순서를 위촉할 때는 해당 분야에서 대표성을 띤 사람이나 꼭 필요한 인사만 세울 일이며, 또한 가급적 한 교회, 한 기관에서는 한 사람에게만 순서를 의뢰하는 것이 좋다. 어떤 행사에는 전 현 총장, 대학원장, 목회대학원장과 교무처장 등이 모두 순서에 초대를 받은 경우도 있어 마치 대학을 옮겨놓은 것 같아서 난감했던 일도 간혹 있었다.

 식사(式辭)의 종류 중, 축사는 문자대로 축하의 말이므로 외부 사람에게 의뢰하는 것이 상례이고, 권면이나 격려사는 주로 직분에 세움 받는 이에 대한 것이므로 스승에게나 연령과 지위가 높은 이에게 의뢰하며, 치사(致辭)는 대개 그 기관의 장이나 혹은 어떤 직책을 가진 사람에게 의뢰한다. 젊은 목회자들이 유의해야 할 점 몇 가지를 제시한다.

순서를 의뢰받은 이들이 유의할 점

1) 의식예배에는 대개 순서가 많고, 사람이 많이 등장하기 때문에 순서를 의뢰받은 이들은 자기가 할 말을 쓰거나 메모해서 중언부언(重言復言)을 피하고 준비한 말만 해야 한다. 축사를 하면서 권면을 한다든가 연장자라고 해서 단상에서 이것저것을 지시하는 것은 분에 넘치는 행위이다.

2) 식순에 기도가 따로 있는데도 불구하고 설교를 포함해서 순서를 맡은 이들이 각각 기도로 자기 순서를 마치는 것은 좋지 않다. 이 경우 식순에 포함된 대표기도가 무의미해지기 쉽다. 의식예배에서는 각자 자기에게 의뢰된 것만 할 일이다.

3) 경우에 맞는 말을 하는 것이 무엇보다 중요한데도 드물게는 회갑연이나 대학의 학위수여식에서 장시간 부흥설교를 한다거나, 장례(예배)식에서 위로하기보다 눈물을 강요하는 듯한 설교나 조사(弔辭)를 하는 이들도 없지 않다. 명설교 명 강연을 한다고 해도 때에 맞지 않으면 하지 않음만 못할 것이다.

4) "앞 사람이 말을 다 해버려서" 할 말이 없다고 하고서는 장시간 이 말 저 말을 하는 것이나, "갑자기 부탁을 받고"

의식예배의 순서 담당자

라고 말해서 주최 측 담당자를 곤란하게 한다거나, "권면이란" 하면서 권면의 의미를 장시간 설명하는 경우도 가끔 본다. 이런 말은 화자(話者)를 자신감이 없어 보이게 만들며 또 참석자들을 실소(失笑)하게 한다. 청중이 웃는다고 해서 유머라고 생각하는 것은 착각일 것이다.

5) 유머를 하려고 애쓸 필요가 없다. 의식은 유머러스하게 진행할 것이 아니라, 가급적 엄숙하게 진행해서 당사자와 참석자들이 모두 행사와 의식의 의미를 마음에 새기게 하는 것이 더 중요하다 하겠다.

부언하건데, 어떤 의식에서나 권면을 받는 이는 자리에 일어서서 겸손하게 말씀을 받아야 한다.

도한호 박사의 牧會書信

예배기도와 목회기도

　기도는 그리스도인의 삶 가운데서 찬송과 함께 신자들이 가장 많이 체험하는 요인이다. 그런데 의외로 많은 신자들이 기도에 대해 교육(?)받은 일이 없고, 때로는 목회자들도 그 방법의 중요성을 가볍게 생각하는 것처럼 보인다. 공중 예배에서의 기도는 예배 참석자들에게 공감을 주고 은혜의 통로가 되어야 하기 때문에 태도와 사용하는 언어와 구하는 내용이 절제되고 준비되어야 한다.

　교회는 우선 예배기도와 목회기도부터 구분할 필요가 있다. 주일 아침 예배 등 큰 예배에서 평신도 직분자가 하는 대표기도는 예배기도이며, 목회자가 목회현장에서 체험하고 느끼고 결심한 것을 비교적 구체적으로 아뢰는 것은 목회기도이다. 미국이나 서양의 개신교회, 특히 침례교회는 우리가 예배기도라고 하는 것을 "예배에 대한 부름"(또는 기원)이라 해서 목회자가 기원 형식으로 간단히 하는 것을 많이 보았다.

예배기도와 목회기도

    한국교회가 평신도에게 예배기도를 하게 하는 것은 좋으나 목사의 목회기도와의 차이점에 대해서는 분명한 선을 그어 줄 필요가 있다 하겠다. 종종 평신도 직분자가 예배기도를 하면서 목회자의 기도 영역으로 들어가서 환자를 위하여, 교회의 각 기관과 행사, 재정 문제 등을 구체적으로 기도하는 것을 본다. 기도의 내용만 들으면 기도하는 사람을 담임목사로 착각하기 십상이다. 평신도들이 기도에 대해 교육받지 못했기 때문이다. 예배 기도는 하나님께서 영광 받으시는 온전한 예배를 드릴 수 있도록 사죄, 즉 용서 구함, 감사, 목회자(설교자)를 위한 기도 등등의 범위 안에서 드리게 하는 것이 온당할 것이다. 기도에 대한 교육은 따로 시간을 내지 않더라도 주보를 통해 계몽하고 모범기도문 몇 개를 공시하는 것으로도 가능할 것이다.

차제에, 기도에 대해서 한두 가지 부언하면

    첫째로, 헌금, 환우, 선교 등 목적기도를 하는 이는 기도 제목의 범위 안에서 기도하도록 교육해야 한다. 이렇게 말하면, 그럴 경우 기도할 말이 없다고 할 것이다. 맞는 말이다. 그래서 공중기도는 간단해야 하며, 예수께서도 한 번 한 말

예배기도와 목회기도

을 거듭하고 그것을 다시 되풀이(重言復言)하지 말고 가르치셨다.

둘째로, 기도를 끝맺는 말의 시제(時制)를 유념해야 한다. 기도가 아니더라도 손위 사람에게 말할 때는 현재 시제를 사용해야지 과거 시제를 사용해서는 안 된다. "기도 드렸습니다" 하는 과거 시제적 표현은 관습적으로, 의무를 다 했으므로 내게는 책임이 없다는 선언이거나 시비조의 표현으로 인식되기 쉽다. 기도는 "기도 드립니다" 또는 존칭을 이미 사용했을 경우, "기도 합니다" 하고 현재형으로 끝맺어야 한다.

셋째로, 기도는 하나님께 아뢰는 것이므로 기도를 통해 광고하고 기도를 통해 위협하고 기도를 통해 자랑하는 행위를 금해야 한다.

예수께서 제자들에게 "너희는 이렇게 기도하라" 하시며 기도를 가르치신 것처럼 목회자도 마땅히 제직과 신자들에게 기도를 교육해야 한다(추신 : 전에 발표했던 내용을 보충하여 다시 씀).

제6서신

「개역개정판」 성경

성경은 감추어진 채 보존될 책이 아니라, 만인이 읽고 실천해야 할 열린 책이므로 그 시대의 언어로 기록되어야 한다. 최근까지 한국교회가 사용한 성경은 1911년에 「성경전서 개역한글판」이라는 이름으로 출판되어서 1938년, 1956년과 1961년에 각각 극히 부분적인 개정을 했을 뿐, 1998년에 「개역개정판」 성경이 나오기까지 근 60년 동안 거의 개정하지 않고 사용해온 성경이다.

이 성경은 우리가 사용하면서도 구어체의 낱말과 고어와 한문 표현이 많아 이해하기 어려운 부분이 많았고, 또 성경이 개정되지 않고 있는 동안 한글 맞춤법과 표준어는 여러 번의 개정과 변화를 거쳤기 때문에 문법과 철자가 우리말과 일치하지 않는 부분도 많았다. 결국 성경은 교과서에서 가르치는 우리말뿐 아니라, 우리 사회에서 일반적으로 사용되는 언어와도 상당한 간격이 생기고 말았다. 이와 같은 간격을

「개역개정판」 성경

해소하기 위해서는 성경을 현재 우리가 사용하는 언어로 개정하는 길밖에 없을 것이다.

대한성서공회는 먼저 "개역[성경]개정위원회"를 구성해서 1983년부터 작업을 시작하여 1988년까지 완료하게 하였고; 다음으로는 각 교단에서 파송된 학자들로 구성된 "[성경전서개역한글판] 개정감수위원회"로 하여금 개정위원회에서 작업한 개정안을 가지고 1993년부터 1997년까지 157회의 작업모임을 통해 개정 감수를 완료하게 하였다.

이 성경은 일부 비판하는 이들의 말처럼 무자격자들에 의해서 조잡하게 고쳐 출판된 것이 아니라, 한국기독교의 공인 기관인 대한성서공회가 18개 교단으로부터 학자들을 추천받아서 15년 동안의 작업과 교정 기간을 거쳐 출판된 공인 성경이다.

이와 같은 일련의 작업에서는 어색한 표현과 어려운 말들을 바르고 쉬운 우리말로 교정하고, 불완전해 보이는 문장은 원문(*GNT*, UBS, 4d.ed.)과 대조해가면서 번역을 다시 하기도 했다. 번역이나 개정은 원문이 가진 뜻을 정확하고 이해하기 쉽게 표현하려고 최선을 다 하지만 완벽한 결과를 기대할 수는 없을 것이다.

이 새로운 성경은 중복 개정을 포함해서 8만여 개의 단어와 표현을 고쳐서 세상에 내놓았다. 근래 이 성경은 「새찬송

「개역개정판」 성경

가」와 합본해서 출판되기 시작해서 지금은 한국의 대부분 교회들이 사용하는 것으로 보인다. 이제 한국 교회는 개정판 성경을 사용하고 미진한 부분은 후진에게 맡겨 개선해 나가도록 해야 할 것이다. 하나님의 말씀은 그 시대 사람들이 읽고 이해할 수 있는 언어로 꾸준히 개정되어야 할 것이다.

어떤 이들은 성경의 여러 사본들 가운데 고대 사본 한두 개와 그 사본을 중심으로 번역된 성경만이 하나님의 말씀이라고 주장한다. 그러나 신약성경 사본은 부분적인 것을 포함해서 5,500개나 되며 그 중 어떤 것은 근대에 온전한 상태로 발견되기도 했다. 우리는 하나님의 말씀을 특정한 소수 사본에 제한해서는 안 되며, 부분적인 흠을 찾아내어서 전체를 부정해서도 안 된다.

[새]찬송가

　한국 교회의 찬송가는 19세기 말엽에 장로교(찬미가, 1892)와 감리교(찬양가, 1894) 및 침례교(복음찬미, 1911) 선교사들에 의해서 처음 만들어졌다. 펜윅 선교사는 일찍이 14장으로 된 찬송가집을 펴내었다가 1911년에 열한 장을 추가해서 25장으로 된 복음찬미를 펴낸 바 있다.

　미국을 비롯한 외국에서는 대개 찬송가를 교회에 비치해 두기 때문에 교회나 집회에 가서 비치된 찬송가를 사용하면 되지만 한국에서는 성경과 함께 찬송가를 각각 가지고 다니며, 또 초교파적 연합 집회가 많아서 하나의 통일된 찬송가를 필요로 하게 되었다. 한국찬송가위원회는 1978년에, 그때까지 각 교파가 따로 만들어 사용하던 여러 개의 찬송가를 합쳐서 하나의 통일된 찬송가를 펴내기로 하고 18개 개신교단이 연합하여 1983년에 "[통일]찬송가"를 펴내기에 이르렀다.

[새]찬송가

    그러나 한국교회는 번역 찬송가 일색인 이 "[통일]찬송가"에 만족하지 못하고 "21세기[에 적합한] 찬송가"라는 새로운 역사를 추진하기 시작했다. 한국교회 내부에서는 800만 신자를 자랑하며 선교 120주년을 넘기는 시점까지 번역된 외국 찬송가만 부르고 우리 찬송을 만들지 못했다는 문제에 대한 반성이 일기 시작했다. 이에 한국교회는 10년간의 노력 끝에 2006년에, 1) 사용 중인 [통일]찬송가를 개정 및 재편집하고, 2) 한국인의 작사 작곡 찬송을 종전의 17장에서 128장으로 늘이고, 3) 외국의 새로운 찬송 164곡을 추가하여 총 645장으로 된 [새]찬송가를 펴내게 되었다.

    이 지면을 통해 필자가 젊은 목회자들에게 하고 싶은 말은 찬송가의 역사가 아니라 새로운 것을 수용하는 태도에 관한 것이다. 성경과 찬송가는 모두 한 세기 전 한문을 우리말처럼 사용하던 시대에 서양 선교사들 주도로 번역된 것이기 때문에 우리 시대의 언어와는 큰 간격이 생겼다. 이 간격을 좁히기 위해서는 번역문을 개정하거나, 찬송가의 경우에는 새로운 가사를 쓰고 작곡을 해서 우리 찬송을 만드는 길 밖에 없다 하겠다.

    지금부터 20년 전 찬송가위원회에서 "신작찬송가" 발표회를 개최했을 때, 필자가 가사를 쓴 국악풍의 풍년찬송가를 발표한 일이 있었다. 거기 참석한 이들이 사물(四物) 장단에

[새]찬송가

맞춘 흥겨운 가락에 어깨를 으쓱으쓱 하면서도, 한결같이 "강당에서는 못 부릅니다" 하고 말했다. 그러나 20년이 지난 지금 "[새]찬송가"에는 아무런 거부감 없이 국악이 포함되어 있다. 새로운 것을 제때 받아들이면 "진보"가 되고 늦게 받아들이면 "보수"가 된다는 말이 맞는 것 같다. 깨인 사람은 일찍 받아들인다.

서양 음악은 "음악"이라 하고 우리 음악은 "국악"이라고 하는 것도 주체성을 상실한 결과가 아닌가 싶다. 또 차를 후진할 때는 "따르릉 따르릉 비켜나세요" 하는 우리 동요를 두고 왜 "엘리제를 위하여"를 연주해야 하는가. 자동차 제작자의 선택이라 하겠지만 결국은 국민의 의식을 대변한 결과일 것이다.

한국에 비해 교세가 약한 일본 찬송가는 일본 신자들이 작사 작곡한 것이 반이나 되는데, 우리는 왜 한국인이 곡이나 가사를 쓰면 거부감부터 가지는지 생각해 볼 일이다. 새로운 것에 대한 긍정적 수용태도가 필요한 대목이다.

제8서신

도한호 박사의 牧會書信

예배음악과 강대상

예배에서의 찬양[음악]은 단순히 예배에 필요한 요인일 뿐 아니라 그 자체가 예배의 일부라고 보아야 할 것이다. 예배와 찬양에 대한 몇 가지 의견을 정리해본다.

예배음악의 구심점

교회는 예배하는[드리는] 곳이며, 예배 장소는 강단이며, 강단의 중심은 강대상이다. 우리가 알다시피 예배음악은 강대상을 중심으로 해서 이루어지는 음악이다. 만약 예배 중에 찬양에 방해가 된다고 해서 강대상을 치워버린다면 이는 주객이 전도된 꼴일 것이다. 요즈음 교회들 중에는 예배 중에 찬양이나 안수 또는 "워십"(찬양을 곁들인 춤)을 하기 위해 강대상을 옮기기도 한다. 특별한 공연을 위해 교회당을 사용

예배음악과 강대상

할 경우는 예외일 수 있겠지만 예배 전후나 예배 중에 강대상을 함부로 옮기는 행위는 어떤 경우에나 좋지 못하다. 찬양은 강대상을 중심으로 이루어져야 하는 것이다. 또한 교회가 강대상을 중시하는 것은 거기에서 하나님의 말씀이 선포되기 때문이다.

준비된 특별찬송

단체로 특별찬송을 할 때는 출연자가 반주자와 미리 연습을 하고 설 자리도 정해 두어야지, 찬양을 하러 나와서 그 중 한 사람이 반주자에게 가서 귓속말로 반주 요령을 부탁하는가 하면 예배자들이 보는 앞에서 서로 밀고 당기며 키를 맞추기 위해 자리를 바꾸는 등의 행위는 보기에 민망할 뿐 아니라 은혜가 되지 않는다.

찬양을 받으시는 분

우리가 아는 바, 예배음악의 일차적 목적은 하나님을 찬양하는 것이다. 찬양대가 찬양을 할 때 예배 인도자인 목사가 강대상에 나와 서 있으면 마치 담임목사가 찬양을 받는 듯한 인상을 줄 수 있다. 강대상이 텅 비어서 좋지 않다는 느낌이 든다면 찬양하는 동안 한두 걸음 뒤로 물러나 있는 것이 좋을 것 같다. 목회자든 사회자든 하나님께 드리는 찬양을 가로채는 것 같은 인상을 주어서는 안 될 것이다.

성가대와 찬양대

찬양대원들이 성가를 부르는 것이므로 찬양대가 적합한 말이라 하겠다.

때에 맞는 찬송 선택

청년회나 학생예배에서 "괴로운 인생길 가는 몸이"를 부른다거나, 위로하러 가서 "세월은 살과 같고 친구는 죽는 중에 그대 목숨 오늘 밤 모르나" 하고 목청을 높인다거나, 주일예배 때 "아베 마리아"를 찬양해서는 안 될 일이다. 찬송가를 선택하는 것도 본문 선택에 버금가는 신중함이 필요하다 하겠다.

사진과 기록물 관리

단체사진

1) 교회에서 행사 끝에 사진을 찍을 때는 흔히 앞쪽에 있는 장의자 모서리가 사진에 찍히는 것을 방지하기 위해 앞줄의 의자 몇 개를 치운다. 이 과정에서 바닥에 흠집을 내거나 의자 아래 붙어 있는 보호용 고무장식을 파손하는 경우가 종종 있다.

한 번은 대학 관계자들이 일본 나가사키(長崎) 현의 한 장로교회를 방문해서 사진을 찍으면서 우리 일행이 장의자를 무리하게 밀어 붙여서 의자의 고무장식이 떨어지고 양탄자에 흠집을 낸 일이 있었다. 그 때 그 교회 목사의 표정에는 당황한 빛이 역력했다. 그런데 정작 의자를 밀어붙인 장본인들은 그런 것을 느끼지도 못하는 눈치였다.

사진과 기록물 관리

우리의 의식 전환이 필요한 대목이다:
(1) 장의자가 사진에 찍히는 것은 자연스러운 현상이므로 의자를 그대로 두고 사진을 찍는 것이 좋으며,
(2) 교회의 가구나 집기는 조심스레(예의 바르게) 다루어야 한다.

2) 사진을 찍을 때는 흔히 누가 어떤 자리에 앉는가 하는 것 때문에 말없는 실랑이가 벌어지기도 한다. 필자가 찍힌 단체사진에는 대개 제일 뒷줄이나 양 옆에 내 모습이 보인다. 양보했기 때문이다.

그런데 나이 들면서 사회단체나 대학에서 주요 직책을 맡게 되니 자연인이었을 때와는 달리, 양보가 미덕이 아닌 경우를 당하게 된다. 그것은 자신이 더 이상 한 개인이 아니라 한 단체나 대학을 대표하는 사람이기 때문이다.

사진을 주관하는 측에서는 연령, 직위 또는 맡은 일을 고려해서 자리를 배정해 주는 것이 좋을 것 같다. 또 사진을 찍는 사람들은 스스로 자신에게 알맞은 자리를 찾는 지혜를 가져야 하겠다. 목회 선배나 어른들을 뒤로하고 젊은 사람이 중앙에 앉아 찍은 사진이 자랑스럽지는 못할 것이다.

사진과 기록물 관리

자료 관리

사진은 찍는 것에 못지않게 보관과 관리가 중요하다 하겠다. 창립된 지 10년도 안 되는 교회에서조차 초창기 사진을 포함한 기록물이 잘 보존되지 못한 곳이 많다는 것은 안타까운 일이다.

젊은 목회자들은 기록물의 보존과 관리를 목회의 일부로 생각해야 한다. 이 일이 중요한 것은 기록물이 단순히 과거의 모습을 보여주는 것을 넘어, 1) 역사(歷史)의 진실과 2) 그 교회에 대한 하나님의 역사(役事)와 3) 선진(先進)의 노고를 증언해 주기 때문이다.

제10서신

신을 신고 강단에 오르는 문제

강단에서 신을 벗는 문제

많은 한국교회들이 강단에 올라갈 때 신을 벗는다. 이것은 신을 벗고 내실에 드는 것이 우리의 오랜 전통이기 때문이며, 또 모세가 호렙산에서 불타는 떨기나무를 보고 가까이 갔을 때 하나님께서, "네가 선 곳은 거룩한 땅이니 네 발에서 신을 벗으라"고 하신 말씀과도 무관하지 않을 것이다(출 3:5하).

이 문제에 관해서는 동서양 간에 문화적 차이가 커서, 서양은 공공장소에서 신을 벗는 것을 불결하다고 생각하고 동양에서는 오히려 그것을 예의로 생각한다. 그런데 이러한 사고방식에도 불구하고 한국인의 삶의 방식은 이미 서구화되었고 더구나 교회는 이 서구화 물결을 선도하는 입장에 서게 되었다.

신을 신고 강단에 오르는 문제

만약 우리가 지금까지도 초가삼간에 살며 버선에 집신을 신고 돗자리를 깔고 앉아 예배를 드린다면 강단에 오르는 것은 고사하고 신발을 신고는 교회당에도 들어가지 못할 것이다. 그러나 한국교회는 시설 면에서 세계 어느 나라의 개신교회 예배당에 비교해도 손색이 없을 만큼 선진화(서구화)되었다. 그런데 유독 강단에서 신을 벗는 것만은 19세기의 관습을 그대로 지키고 있다.

슬리퍼를 신는 문제

신자들은 신을 신고 의자에 앉아서 예배하는데(드리는데) 목사는 신을 벗고 슬리퍼를 신고 강단에 올라간다. 슬리퍼는 원래 실내화이므로 가정이나 지정된 장소 내에서 신는 것이지 호텔 로비나 교회를 포함해서 공적인 장소에서 신는 신발이 아니다. 슬리퍼를 신고 호텔 로비나 식당을 배회하는 것을 볼 때나 또는 목사가 강단에서 슬리퍼를 신고 있는 모습은 무엇인가 완성되지 못한 것을 보는 느낌이 든다.

앞서 말한 바와 같이 우리의 생활양식과 건축물의 구조가 이미 서구화되었으므로 관습도 문화에 걸맞게 재고해야 할 것이며, 신을 벗고 신는 문제도 문화적 차원에서 고려해야

신을 신고 강단에 오르는 문제

함이 마땅하다 할 것이다.

교회의 구조와 인식의 차이에 따라 다를 수 있겠지만, 이제는 신을 신고 강단에 오르는 것을 불경스럽다고 생각하지 말아야 할 때가 이른 것 같다. 생활이 인식을 따라야 하는데 인식이 생활의 뒤를 따르니, 한 참 길을 가다가 그 길이 자기가 갈 길인지 묻는 경우가 되어 버렸다.

예배와 미사제사

개신교회의 예배와 로마 가톨릭 교회의 예배는 근본이 다르다. 개신교회는 자발적인 예배를 드리고, 로마 가톨릭교회와 그리스 정교회 및 러시아 정교회 등 구교 권에 속하는 교회들은 제도화된 미사제사를 드린다.

성체성사(聖體聖事)

미사제사의 특징은 예수께서 그 예배에 친히 오셔서 사제의 몸을 빌어 스스로 미사를 집전 하신다는 것이다. 예수께서는 사제의 몸을 통해서 성령잉태로부터 부활 승천까지의 자신의 삶의 모든 장면을 하나하나 재현하신다. 이 미사에서 가장 중요한 부분은 예수님의 죽으심을 재현하는 성체성사로서 이것은 개신교 예배의 "주의 만찬"(성만찬)에 해당하는

예배와 미사제사

의식이다.

　미사 제사 중에 사제의 움직임 하나하나는 모두 예수님의 생애의 중요한 부분을 나타내는 것이므로 의미 없는 동작은 하나도 없다. 예를 들면, 사제가 기도실(성물 안치소)에 들어가는 것은 예수께서 성령으로 잉태됨을 의미하고 기도실에서 나오는 것은 탄생을 나타내며, 한 발 앞으로 갔다가 뒤로 물러나는 것이나 손을 강대상에 올려놓거나 내리는 것도 모두 생애의 한 부분을 나타낸다.

　미사는 예배가 아닌 제사이기 때문에 촛불을 켜놓고 상복에 해당하는 복장을 하고 음복(飮福), 즉 영성체(領聖體, 떡)를 먹으며 절을 하고 제문(祭文)으로서의 기도문을 낭송하는 것이다. 뿐만 아니라 단상에 제상(祭床), 즉 성찬상(聖餐床)을 설치하고 두 개의 강대상을 두어 큰 강대상은 예수께서 쓰시고 작은 강대상은 인간인 사제가 사용하도록 준비되었다. 이 모든 것은 제사를 위한 필요조건들이다.

두 개의 강대상

　근래에는 제사가 아닌 예배를 드리는 개신교회에서도 강단에 성찬대(床)를 설치하고, 그 위에 촛불을 켜놓는가 하면,

예배와 미사제사

목사가 제사적 상징이 새겨진 가운(聖衣)을 입고, 강대상을 두 개 설치한 교회도 많이 생겼다. 필요에 따라 설치할 수 있겠지만 역사적 의미와 용도를 충분히 고려한 후에 설치 여부를 고려하는 것이 좋을 것이다.

가톨릭교회는 제사를 드리기 때문에 성당의 내부 구조도 신자들이 말씀을 듣기보다 제사진행과정을 보고 참여하기 쉽도록 설계되었으며, 또한 미사를 집전하시는 분이 예수님 자신이라고 믿기 때문에 미사가 엄숙할 수밖에 없다. 신·구교 간에는 참으로 커다란 차이가 있다.

제12서신

대화의 법칙

사회학적으로는 현대를 대화의 시대라고 말한다. 대화는 설교나 강연처럼 한 사람이 일방적으로 말하는 것이 아니라 이야기를 주고받는 것이므로 무언의 규칙을 필요로 한다.

공평의 법칙

1) 대화를 한다면서 상대방에게 말할 기회를 주지 않고 자신의 주장만 펴서는 안 된다. 자기가 열 마디를 했으면 상대방에게도 그만큼 말할 기회를 주어야 하며, 그렇지 못하다 할지라도 최소한 의사를 표할 기회라도 주어야 한다.
2) 대화는 공통적 관심사를 화제로 삼아야 한다.
3) 간결한 대화는 사람을 끌지만 지루한 대화는 사람을 쫓는다. 진지 드셨느냐는 의례적 인사 한 마디에 음식의 유례

와 영양식과 최근의 식사들을 일일이 설명하는 사람에게 누가 다시 말을 걸려고 하겠는가.

경청의 법칙

목회자나 선생들이 흔히 범하기 쉬운 과오는 1) 상대방의 말을 잘 듣지 않고, 2) 아무 때나 아무에게나 가르치려고 하는 태도이다. 함께 들은 이야기를 돌아서서 가르치려는 사람도 있다. 대화에서는 지금 그 순간에 자신이 만나고 있는 사람이 가장 소중한 사람이며 그가 하는 말이 인생에서 가장 중요한 말이라고 생각하고 경청해야 한다. 자기의 주장만 늘어놓는 사람은 결국 사람을 잃게 될 것이다.

겸양의 법칙

처음 만나는 사람일지라도 말 몇 마디를 주고받으면 그의 교양과 지식과 직업 등등을 대부분 짐작할 수 있다. 휴양지도 아닌 곳에서 슬리퍼를 끌고 반바지를 입고 담임목사를 만나러 나온 사람은, "나는 바쁜 사람인데, 무슨 일이요?" 하는 사람일 것이며, 앉으라는 말도 하기 전에 털썩 앉거나 손위 사람 앞에서 너털웃음을 웃어대는 이는 무례한 사람일 것이다. 어른이 앉으라고 할 때, 어른이 앉은 다음에 자리에 앉는 것이 만고의 예절일 것이다.

겸손한 말씨와 예의 바른 태도는 좋은 대화의 필수적 요인이다. 예(禮)를 존중하는 [양반]동내 교회에 부임하는 목회자와 낯선 나라 선교지에 들어가는 이들이 특히 유의해야 할 일이다.

단정한 몸가짐으로 대화의 법칙을 준수한다면 언제 어떤 자리에 가더라도 떳떳할 수 있을 것이다.

제13서신

도한호 박사의 牧會書信

부사역자 수칙

    교단신학교의 공통적 염려 중 하나는 교회로부터 젊은 사역자들의 능력과 성실성에 대한 민원을 받는 것이다. 필자는 교단(계)에 일꾼을 배출하는 신학교육기관의 경영자로서 책임감을 느끼고 이 칼럼을 마련하였고, 이러한 취지에서 칼럼의 제목에는 의도적으로 직함을 사용하여 "총장의 목회서신"이라 하였다.

    젊은 사역자들에 대한 민원이 근본적인 문제에서 기인하기 보다는 기본적인 문제에서 기인한다고 판단하고 젊은 사역자들이 기본적으로 유의할 점 몇 가지를 제시하는 바이다. 그들이 대개 기성교회에서 부사역자로 목회를 시작한다는 점을 감안하였다.

수칙 12제

1) 항상 예의 바르게 행동하라. 예의는 일에 앞서 "인간의 도리"를 행하는 것, 즉 삶의 기본이다.

2) 부지런 하라. 항상 담임목사보다 먼저 출근해서 주변을 정리하라.

3) 담임목사의 지시를 건성으로 들어서는 안 된다. 또한 지시받은 일을 시작하기 전에 반드시 그 일에 대한 담임목사의 의도를 파악해야 한다.

4) 자신이 맡은 일에 충실하고 남의 일에 관여하지 말라. 협력과 간섭의 차이를 유념하라.

5) 말을 아끼고 말을 옮기지 말라.

6) 부사역자의 사역은 자신의 사역이 아니라 협력사역이다. 이 사실을 명심하고 매사에 순종해야 하며, 순종하지 못할 일이 발생하면 조용히 떠날 준비를 하라. 무리를 지어 항명하는 것은 어떤 경우에나 옳지 못하다.

7) 신자들로부터 촌지를 받을 경우 반드시 보고하라. 사역자들이 받는 모든 봉투는 전달용이거나 시험용이라고 생각해야 한다.

부사역자 수칙

8) 신자들과의 깊은 상담은 금기(禁忌) 사항이다. 자신이 담당자가 아닌 한, 상담자는 오직 담임목사뿐. 부사역자는 내담자가 담임목사를 찾아가도록 유도하는 "보조 상담"을 해야 한다.

9) 설교와 기도 특별 과제 등 자신에게 차례가 오면 잘 하려고 하기보다는 성실하게 하려고 노력하라. 지나쳐서는 안 된다는 말이다.

10) 매사에 긍정적이고 적극적인 자세를 가지라.

11) 신자는 친구가 아닌 섬김의 대상이다. 지나친 친밀감은 화를 부르기 쉽다.

12) 협동목사는 담임목사의 목회를 말없이 돕는 사람이지 조언자가 아니다. 담임목사가 의견을 묻거나 조언을 구할 때만 진언할 뿐, 담임목사를 앞서 가거나 역행해서는 안 된다.

제14서신

바른 인사

도한호 박사의 牧會書信

개화기로부터 우리 사회의 인사 방식이 다양해졌다. 과거에는 공손히 머리를 숙여 안부를 묻고 사랑과 존경을 표하던 것이 이제는 지나가면서 손을 흔들거나 악수를 하는 것이 일반화되었고 근래에는 가볍게 어깨를 껴안는 "허그"까지 스스럼없이 하게 되었다. 그런데 어떤 종류의 인사를 하든 인사에는 각각 지켜야 할 도리가 있다.

인사

아는 바와 같이 목례, 허리 굽히기, 큰절 등이 우리의 고유한 인사법이다. 동양인들은 대개 서로 알고 지나는 사람들끼리만 인사하지만 서양 사람들은 모르는 사람이라도 눈이 마주치면 목례를 하든지 한두 마디 간단한 인사말을 주고받는

바른 인사

다. 알지 못하는 사람이라고 해서 빤히 쳐다보고 그냥 지나치는 것보다는 가벼운 목례라도 하고 지나가는 것이 좋을 것이다.

악수

1) 일반적으로는, 손아래 사람이 먼저 손을 내미는 것은 실례이며,
2) 여성과의 악수는, 여성이 먼저 청할 때 하고,
3) 가벼운 만남에서는, 무거운 질문을 던지지 않는 것이 예의이다. 교회 현관이나 길에서 의례적인 인사를 하면서 대답하기 곤란한 질문을 하면 신자들은 대개 당황하며 경우에 따라서는 교회를 피하는 이들도 없지 않다.
4) 근래에는 신종플루 등을 감안해서 담임목사가 악수를 하지 않고 인사만 하는 교회도 있다. 장래에는 신자가 많은 교회 등에서는 악수를 생략하는 문제도 재고해야 할 것이다. 악수할 때는 손에 땀을 닦을 것. 급할 때는 자기 옷에라도 문지르고 손을 내밀어야 한다.

바른 인사

허그

"허그"는 가까운 친구나 지인(知人)들이 서로 어깨만 살짝 맞대고 가볍게 등을 두드려 준다든가 하며 축하나 반가움을 표하는 것이므로 부부나 연인들이 애정의 표시로 하는 포옹과는 의도와 형태가 다르다 하겠다. 우리는 흔히 테니스나 골프 경기를 마친 선수와 캐디들이 가볍게 허그하는 것을 본다. 가슴이 닿거나 껴안아서는 안 된다.

미소 띤 얼굴과 예의바른 자세는 교회와 공동체 및 사회 전반에 밝고 아름다운 분위기를 창출해 낸다. 어떤 인사를 하든 인사하는 사람의 마음이 상대방에게 전달되기 마련이다. 목회자는 인사하는 신자들이나 젊은이들이 실족하지 않도록 항상 조심해야 할 일이다.

강단 예절

강단은 목회자가 준비된 몸과 마음으로 전체 신자들을 한꺼번에 대면할 수 있는 유일한 장소이다. 신자들은 항상 신선함에 대한 기대를 가지고 긴장된 마음으로 강대상에 선 목회자를 바라본다. 강단과 강단 예절 몇 가지를 제시하는 바이다.

강단

1) 강단(단상)은 항상 정돈되어 있어야 한다. 전선과 각종 악기와 스피커와 때로는 신발까지 흩어져 있는 강단을 보는 신자들을 생각해 보라. 정돈되지 못한 강단 앞에서 온전한 예배를 드리기가 쉽지 않을 것이다.

2) 높은 강대상을 사다놓고 추가로 발판을 설치해서 키를 맞출 것이 아니라, 처음부터 목회자의 키에 맞는 강대상을 골라 설치하든지 강대상을 낮추는 것이 좋을 것이다. 우리 대학은 키가 낮은 것을 추가로 구입했다.

3) 예배와 공연을 구분해야 한다. 예배이면 강대상을 중심으로 경건하게 드릴 것이며, 연극이나 음악 또는 춤을 곁들인 특별집회나 공연이라면 일정한 한도 안에서 무대(강단이 아닌)를 설치할 수 있을 것이다. "예배당인데 때로는 무대로도 사용한다"는 원칙이 필요할 것이다. 강단을 방치해서는 안 되며 반드시 목회자가 직접 관리해야 한다.

강단 예절

1) 신자들이 모두 기도 하려고 머리 숙이고 있는데 기도자가, "기도하겠습니다"라고 말하는 것은 불필요한 일이다. 기도 하면 되는 것이다.

2) 기도할 때는 사진 찍지 않는다.

3) 기도나 축도를 한 목회자나 제직은 주악(奏樂)이 끝나기 까지 그 자리에 서 있다가 신자들이 머리를 든 다음에 자리를 떠나야 한다. 기도를 마친 신자들이 고개를 들 때 기도

강단 예절

한 사람은 어느새 사라지고 강대상이 비어 있거나 다음 순서를 맡은 사람이 등단해 있는 것은 여러 면에서 옳지 못하다. 무엇보다, 기도 시간에 움직이는 것은 좋지 못한 습관이다.

4) 목회자는 스스로 각 순서의 경계를 지켜야 한다. 설교 중에 광고를 한다거나 축도하러 나가서 예배 후에 누구누구는 목양실로 오라는 등의 알림을 부언하는 것은 스스로 예배의 질서를 깨뜨리는 행위이다.

5) 강단에서는 다린 바지를 입고 저고리의 앞단추를 채우는 것이 예의이다. 단추를 풀어 헤치고 바지 주머니에 두 손을 넣고 예배를 인도하는 일은 삼가야 한다.

6) 젊은 목회자들이 간혹 긴 마이크를 손에 들고 설교하는 것을 본다. 설교의 대가들에게서 배울 것은 그들의 헌신적 목회이지 그들의 강단 매너가 아니라는 사실을 유념해야 할 것이다. 고정 마이크 외의 것이 필요할 경우 저고리 앞깃에 부착하는 작은 휴대용 마이크를 사용하는 것이 좋을 것이다. 작은 교회당에서는 육성(肉聲)이 더 좋다.

제16서신

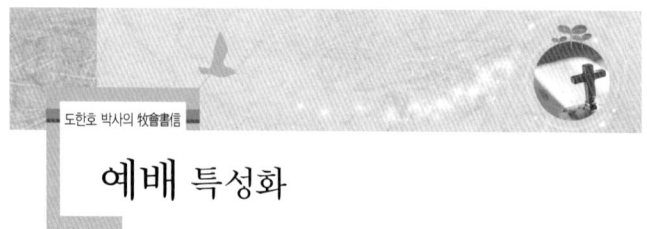

예배 특성화

"예배 특성화"라는 말이 생소하기도 하고 듣기에 따라서는 불경스럽게 생각될 수도 있을 것이다. 그러나 생각해 보면 개신교 선교 초기부터 예배는 각각 특별한 성격과 고유한 방법으로 시작되었는데 오늘날의 교회가 그 특징을 소멸시킨 것 같다.

전통적 예배

새벽기도회는 악기를 동원해서 찬양을 하거나 메시지를 선포하려고 하기보다는 조용한 찬송과 기도에 초점을 맞추는 현재의 방식이 최선일 것이다.

주일예배는 시간차 예배 간에도 찬양과 메시지와 인도자에 대한 차별을 유지하는 것이 좋을 것이다. 11시 예배를 드

예배 특성화

린 신자들이 저녁예배를 대신해서 드리는 오후 예배에서, 두세 시간 전에 드린 것과 꼭 같은 예배를 다시 드리게 해서는 안 될 것이다. 저녁예배는 새 찬송을 배운다든지 찬송 경연을 하는 등 찬양중심으로 인도하고, 삼일[수요]기도회는 말 그대로 기도 중심으로 인도하는 것이 좋을 것이다.

금요일 구역예배는 아는 바와 같이 이웃을 초청해서 교제하고 전도하는 것을 목적으로 시작되었다. 다른 교파와는 달리 감리교회는 이를 "속회"라고 부르고 메시지 보다 성경공부를 강조했으며, 부흥회 역시 성경공부를 강조한 [부흥]사경회를 선호하였다. 근래의 부흥회가 이런 형태로 변화되는 것을 보면 초창기 감리교회가 시용(施用)한 속회와 부흥사경회가 이상적이었던 것으로 보인다.

대학예배와 학생회예배

목회자들은 누구나 대학예배를 통해서 신앙과 실천을 다진 이들일 것이다. 대학예배는 예배의 기능과 함께 교육적 기능도 크다 하겠다. 학생들은 예배를 통해 강단예절과 강단언어 및 예배를 인도하는 법을 배워야 한다. 대학예배에는 학생들을 선별적으로 예배 순서에 참여시키면서도 예배를

예배 특성화

학생들에게 맡겨버리지 않고 대학이 주관하면서 교육적 기능을 유지하고 있다. 교회의 학생회와 청년부 또는 대학부 예배도 이렇게 할 것을 권면하는 바이다.

기념식과 축하 성격의 예배

교회는 기본적인 예배 외에 기념식과 축하연에 까지 예배라는 이름 붙였다. 의식의 경우 입당, 헌당, 안수, 임직 등 교회와 직접적으로 관련된 것은 예배라고 하되; 졸업, 회갑, 은퇴, 장례, 학위취득 등등 개인과 관련된 것은 예배라고 하지 말고 회갑연, 은퇴식, 축하연 등으로 부르는 것이 좋을 것이다. 하나님께서 회갑을 맞거나 은퇴하는 것이 아니며, 또한 교회당에서 사람이 치하받는 것은 어떤 경우에나 옳지 않다 하겠다.

대학의 학과나 전공에만 특성화가 필요한 것이 아니라 예배에도 특성화가 필요하며, 크게는 교회 자체도 특성화가 필요한 시대에 이르렀다는 사실을 깨닫기 바란다.

제17서신

환영사

근래에는 성격이 비슷한 기관[교회]이나 단체들끼리 장소를 빌려 행사를 치르는 경우가 많아짐에 따라 서로 간에 닦아야 할 예의와 절차를 살펴야 할 필요성을 느낀다.

사용신청

장소사용 문의나 신청은 기관[교회]의 장이 장에게 요청할 것이 아니라 실무자에게 맡겨야 한다. 일이란 실무선에서 어느 정도 조정되어서 결재자에게 올라가야지 결재자들끼리 정해서 아래로 지시하는 것이 아니다. 이 경우 담임목사가 확인하고 지시하는 동안 시간이 지연되고 일이 복잡해지며, 또한 목사는 잘 잊어버린다.

환영사

방문인사

한 기관[교회]이 다른 기관을 방문하거나 장소를 사용할 때는 그 기관의 장을 먼저 찾아 인사해야 한다. 흔히 "안 계신 줄 알고"라고 말하지만 부재중이면 방문 인사하기가 더 좋을 것이다. 가서 명함이나 간단한 메모를 남기든지 부득이하면 전화라도 해서 자신의 방문을 알리는 것이 도리이다.

이웃 대학교의 교수 친구가 나를 부르면 나는 대개 그 친구를 캠퍼스 밖으로 불러낸다. 다른 대학을 방문하려면 최소한 어떤 일로 잠시 다녀간다는 것을 비서실에 알려야 하기 때문에 번거롭다. 후에 그 대학 총장이 다른 대학 총장이 말없이 다녀갔다는 말을 듣는다면 무례한 사람이라고 생각할 것이다. 목회자가 다른 교회를 방문하거나 다른 교회 신자를 만나는 것은 더욱 그러할 것이다.

환영사 요청

장소를 빌어 사용할 때는 그 건물이나 사용처의 주인 또는 장에게 환영사를 의뢰하는 것이 상례이다. 예를 들어, 우리

대학 학생들이 어떤 교회 교육관을 빌려서 수련회를 할 경우 미리 담임목사에게 환영사를 요청하고 방문해서는 먼저 목양실에 가서 인사한다는 말이다. 그러나 영리 목적으로 운영되는 공공장소라든가, 신앙이나 성격을 달리하는 장소를 사용할 경우에는 반드시 그럴 필요는 없을 것이다.

환영사

환영사는 그 기관이나 교회에 대한 기억이나 발전상 또는 담임목사나 기관장의 노고를 치하하고 격려하는 것으로 족하다. 직접 관련도 없는 말로 시간을 끌고 주최 측을 꾸짖거나 당황스럽게 하는 말은 삼가야 한다.

제18서신

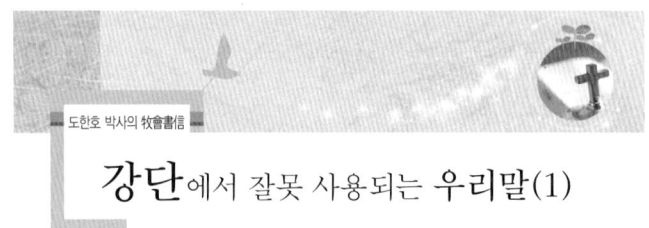

강단에서 잘못 사용되는 우리말(1)

언어는 나라의 얼을 담고 있다. 언어는 곧 나라이다. 언어를 잃는 것은 나라를 잃는 것과 같다. 그래서 제국주의 시대에는 강한 나라가 약한 나라를 침공하면 언어부터 말살하려 했다. 언어에 담겨 있는 그 민족의 얼을 말살하기 위해서였다.

제국주의 시대의 언어 말살 정책

일본은 한국을 식민지화하는 과정에서 한글부터 말살하려고 했으며, 알렉산더 대왕은 헬라어를 앞세워 세계를 정복했고, 시저는 라틴어로 세계를 정복했으며, 프랑스는 1062년에 소위 '노르만 정복'으로 영국을 점령한 후 1362년 까지 300년 동안 프랑스어를 영국의 공용어로 사용했다.

이 과정에서 영어는 가난하고 배우지 못한 피지배계급의

강단에서 잘못 사용되는 우리말(1)

언어가 되었고 프랑스어는 지배계급의 언어로 사용되었다. 그래서 소, 돼지, 암소, 양 등 사람이 기르는 동물은 피지배계급의 언어인 영어로 '옥스,' '피그,' '카프,' '쉽'이라고 쓰고; 그것을 요리한 음식에는 지배계급의 언어인 프랑스어로 '비이프,' '포오크,' '비얼,' '머튼'을 사용했다. 힘든 사육은 영국인이 하고 요리는 프랑스인이 먹는다는 논리이다. 이 전통은 오늘날까지 이어지고 있다. 이것은 언어를 잃으면 나라를 잃는다는 진리를 가르쳐 준다.

외래와 외국어

근래 우리나라는 국제 교류가 활발해지고 인터넷 문화가 발달되는 것과 때를 같이해서 우리말과 글의 소중함을 다소 망각하는 것 같다. 우리말에 적당한 어휘가 없어서 하는 수 없이 사용하는 외국어는 "외래어"라 하며, 여기에 속한 말로는 '텔레비전,' '라디오,' '볼[포인트]펜' 등등이 있다. 그러나 우리말이 있는데도 불구하고 아내를 '와이프'라고 한다거나 위험성을 '리스크'라고 하는 등의 외국어를 사용하는 것이 문제이다. 외국어를 함부로 사용하는 것은 말하는 사람의 품위를 떨어뜨림은 물론 메시지의 전달성도 저하시킨다.

강단에서 잘못 사용되는 우리말(1)

평화로운 시대에 지성인들에게 주어진 사명 중 하나가 바로 언어를 아름답게 사용하고 보존하는 것이라 하겠다. 앞으로 몇 주간동안 강단에서 잘못 사용되는 우리말의 사례를 검토하고자 한다.

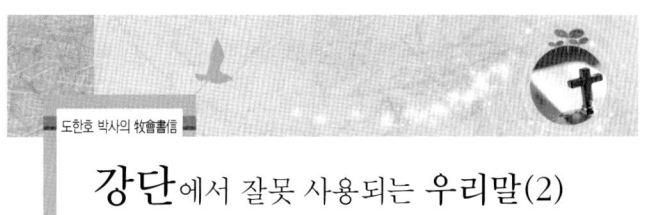

강단에서 잘못 사용되는 우리말(2)

1. 복(福)과 축복(祝福)

이 주제는 이미 여러 신학자와 언어학자들이 지적해 왔으며 목회자들도 거의 이해하고 있는 것으로 보인다. 단번에 시정 하지 못한다고 하더라도 조금씩 고쳐나가면서 인식을 새롭게 함이 필요할 것이다.

성경은 '복'과 '축복'을 명확하게 구분해서 사용하고 있는데 반해, 강단에서는 흔히 '복'을 사용해야 할 곳에 '축복'을 사용한다. 하나님은 우리에게 복을 주시는 분이지 축복, 즉 복을 빌어 주시는 분이 아니다. 창세기 12장 2절과 3절(민 6:23~24)은 이 구분을 명확하게 해 준다: "… 네게 복을 주어 네 이름을 창대케 하리니 너는 복의 근원이 될지라. 너를 축복하는 자에게는 내가 복을 내리고 너를 저주하는 자에게는

강단에서 잘못 사용되는 우리말(2)

내가 저주하리니."

우리말 개역성경에는 "축복"이란 명사가 14회, 동사가 86회 사용되었는데 "하나님의 축복"이라는 말은 한 번도 나오지 않는다. 하나님은 복을 주시는 분이지 복을 빌어주는 분이 아니시기 때문이다.

2. '하도록 하겠습니다' 표현의 잘못

이 말은 교회뿐 아니라 한국 사회 전반에서 가장 많이 잘못 사용되는 표현 중 하나일 것이다. 이 표현은 다른 사람을 시켜서 하겠다는 사역의 의미를 가진 말이다. 또한 이 말은 '합시다,' '하겠습니다' 등 직접적이고 적극적인 언급을 피하고 우회적으로 의사를 표현한다는 점에서 더욱 좋지 못한 표현이라 하겠다. 사회자나 찬송 인도자, 광고를 하는 이들은 거의 예외 없이 '하도록 하겠습니다' 하고 말한다.

강단에서 잘못 사용되는 우리말(2)

잘못된 사례와 수정 문구

찬송가 50장을 부르도록 하겠습니다
 ⋯▸ 찬송가 50장을 부르겠습니다
성경을 봉독하도록 하겠습니다
 ⋯▸ 성경을 봉독 하겠습니다
시작하도록 하겠습니다
 ⋯▸ 시작하겠습니다
목사님이 심방하도록 하겠습니다
 ⋯▸ 목사님께서 심방 하시겠습니다
 ⋯▸ 김 집사님 나오세요

제20서신

강단에서 잘못 사용되는 우리말(3)

3. 잘못된 미래형

미래를 지시하는 명사에 다시 미래형 종결어미를 사용하는 것은 잘못이다. 막연하게 뒤로 미루거나 애매한 표현은 버려야 한다.

바라겠습니다 … 바랍니다
희망하겠습니다 … 바랍니다
알겠습니다 … 알았습니다
감사하겠습니다 … 감사합니다
앞자리로 나와 주시면 감사하겠습니다 … 앞자리로 나와 주세요
(나오세요)
참석해 주시면 감사 하겠습니다 … 참석해 주시기 바랍니다
(적극적으로)
곧 세 시가 되겠습니다 … 세 시를 알려 드립니다, 곧 세 시가 됩니다

강단에서 잘못 사용되는 우리말(3)

당부 드리겠습니다 … → 당부합니다, 부탁합니다, 부탁드립니다
('당부'나 '치하'는 손윗사람이 아랫사람에게 하는 것이므로 가려서 사용해야 한다. '당부 드립니다'는 맞지 않는 표현이다)

4. 잘못된 수동형

우리말에는 원래 수동태가 많이 사용되지 않은 것으로 보이는데 외국어가 들어오면서 많이 사용되기 시작한 것으로 보인다. 수동형은 우리글을 소극적으로 만든다. 어떤 교회에서 다음과 같은 사례를 수집하였다:

예 잘못된 표현
① "금년 수련회에 우리 집사님들 전원이 참석하면 심방계획을 바꾸겠습니다."
② "하나님이 쓰시는 사람은"('…을 보게 되면'은 불필요한 구문)
③ "마태복음 5장에는"('…을 읽어보게 되면'은 불필요한 구문)

이외에도 '되게 된다면,' '여겨집니다' 등의 수동태가 많이 사용된다. 이런 표현은 '된다면,' '생각 합니다' 하고 능동적, 적극적 표현으로 말해야 한다.

강단에서 잘못 사용되는 우리말(4)

잘못 사용되는 인용격조사(引用格助辭, 따옴자리 토씨), '라고'

언어에는 화법(話法)이 있다. 다른 사람의 말을 들은 대로 전하는 직접화법과 들은 것을 자기 말로 풀어서 말하는 간접화법이 그것이다. "목사님이, 잠시 밖에 나가 있으라고 말씀하셨어요" 하면 간접화법이 되고, "목사님이 내게, '잠시 밖에 나가 있게' 하고 말씀 하셨어요" 하고 목사님이 하신 말씀을 그대로 전하면 직접화법이 되는 것이다.

과거, 선비들은 직접화법을 시정잡배들이 즐겨 사용하는 저속한 표현으로 간주하고 그런 표현을 쓰는 이들을 "쌍놈"(常人, 원래는 양반이 아닌 일반인이라는 의미)이라고 경멸하였다.

강단에서 잘못 사용되는 우리말(4)

  근래에는 인용격조사 "라고"를 오, 남용하는 사례가 많아서 화자(話者)의 품위를 손상시킴은 물론 우리말을 크게 훼손시킨다. 아래에 몇 가지 예를 제시하였다.

잘못 사용되는 인용격조사

① "성경은 인간은 태어나면서부터 원죄의 성격을 가지고 있다 라고 말합니다."
② "어떤 이는 하나님의 말씀을 부정적으로 받아들이고 있다 라는 것입니다."
③ "우리가 다 구원을 받는다 라면"
④ "우리나라가 한 골을 넣는다 라면"
⑤ "집사들이 다 나오신다 라면"
⑥ "새벽기도가 활성화된다 라면"

  직접화법을 사용하더라도 '라고,' '라는,' '라면' 등의 조사를 피하고 대신 '하고' 또는 '고'를 사용하는 것이 옳으며, 이 다섯 예문은 아래와 같이 간접화법으로 풀어 말하는 것이 옳다 하겠다.

강단에서 잘못 사용되는 우리말(4)

위의 틀린 예문을 고쳐 쓰면

① "성경은 인간은 원죄의 성격을 가지고 태어났다고 [말]합니다."
② "어떤 이는 하나님의 말씀을 부정적으로 받아들입니다."
③ "우리가 다 구원받는다면"
④ "우리가 한 골을 넣는다면"
⑤ "집사들이 다 나오신다면"
⑥ "새벽기도가 활성화된다면"

도한호 박사의 牧會書信

설교(1)

예배의 중심으로서의 설교

설교는 예배의 중심이며 목회자의 주된 임무 중 하나이다. 로마 가톨릭교회의 예배는 설교(말씀) 중심이 아니라 의식 중심이므로 성당의 내부도 의식 수행에 맞도록 장의자를 두 줄로 놓은 종적(縱的) 구조로 설계 되었고, 이에 반해 개혁교회의 교회당은 예배자들이 목사를 주목하고 말씀을 들을 수 있도록 강대상을 중심으로 횡적(橫的)으로 의자가 배열되었다.

그 대표적인 것이 독일 동북부 끝 헤른후트에 위치한 진젠도르프 백작의 모라비안 교회[당]이다. 18세기 모라비안 개혁운동의 중심지에 세워진 이 교회는 로마교회와는 정반대로 장방형으로 된 교회의 허리부분에 강단이 놓여 있어서 예

 설교(1)

배자가 어느 각도에서나 설교자의 모습과 말씀을 보고 들을 수 있도록 지어졌다. 이것은 당시로서는 메세지가 예배의 중심이라는 사실을 선포한 개혁의 이정표였다.

설교의 정의

필자는 설교를 "하나님의 말씀에 대한 예언적 해석과 목회적 권면"이라고 정의(定義) 하였다. '예언적 해석'은 학자적 역할이며, '목회적 권면'은 실천적 요인을 의미한다. 해석은 가르침이며 권면은 지도일 것이다. 설교자는 둘 중 하나에 치중하지 말고 균형을 유지하는 것이 중요하다 하겠다. 예수께서도 "가르쳐 지키게 하라"는 순차적이면서 동등한 기능적인 분부를 내리셨다.

설교의 규칙
(이제 막 목회를 시작한 젊은 목회자를 위하여)

1) 설교는 하나님의 말씀을 선포하는 것이지 개인의 지식과 웅변술을 과시하는 것이 아니다. 그러므로 잘 하려고 애

설교(1)

쓰지 말고 정확하게 또박또박 메시지를 전달하는 데 집중하라. 그것이 잘 하는 것이다.

2) 설교는 근본적으로 가르침이지만 아무 때나 아무에게나 가르치려드는 것이 아님을 명심하라. 가르치고 명령하기보다 받은 말씀을 선포한다고 생각하는 것이 옳을 것이다.

3) 원고설교 습관을 들이라.

4) 전하려는 메시지의 강조점이 시의(時宜) 적절한지 한 번 더 생각하라.

5) 아무 때나 소리치지 말라.

6) 꼭 필요한 경우에만 '따라하기'를 요구하라.

7) 반말하지 말라.

8) 할렐루야 아멘을 강요하지 말라.

9) 설교의 길고 짧음은 집회와 메시지의 성격에 달렸다 하겠으나 중언부언하지 말라.

10) 유머와 농담을 구분하라. 강대상에서의 농담은 금기사항이다.

제23서신

도한호 박사의 牧會書信

강단에서 잘못 사용되는 우리말(5)

반말과 존댓말

우리말은 어느 나라 말보다 존댓말이 분명하다. 연장자나 직위가 높은 사람에게는 대상에 따라서 예사높임말과 아주 높임말을 구분해서 사용한다. 그런데 근래에는 존댓말이 남용되어서 듣는 이의 눈살을 찌푸리게 하는 일이 많다.

손아래 운전기사에게, "기사님 진지 드셨습니까?" 한다든가, 음식점 주인이 젊은 종업원의 발을 밟은 후에, "죄송해요" 하는 등이 그것이다. 이런 경우에는, "이기사, 점심했어요?" 라든가, "점심 먹었는가?" 하는 것이 맞을 것이며; 종업원의 발을 밟은 경우에는, "미안" 또는 "미안해요" 하는 정도가 맞을 것이다.

강단에서 잘못 사용되는 우리말(5)

다음의 예는 한 텔레비전 방송국에서 약수터를 취재한 내용이다. 존댓말 남용을 생각하며 음미해보기 바란다.

(주민) : "이 약수터에는 아침마다 많은 주민들이 오셔서 약수를 드시고 가십니다."
(아나운서) : "뒤쪽에서 올라오시는 분들도 많군요."
(주민) : "앉아 계시는 분, 몸이 아프신 분… 자, 보시게 되면"

오셔서, 드시고, 가시고, 올라오시는 분, 앉아계시는 분, 아프신 분, 보시게 되면 등등 존댓말이 흐드러지게 사용되었다. 불특정 다수, 즉 대상이 정해지지 않은 여러 사람에 대해서는 존댓말을 사용하지 않는다는 것은 우리말의 기본이다. 정해지지도 않은 사람에게 하시고 보시고 해서는 안 된다는 말이다. 위의 예문은 아래와 같이 사용함이 마땅할 것이다.

(주민) : "이 약수터에는 아침마다 많은 주민들이 와서 약수를 마십니다."
(아나운서) : "뒤쪽에서 올라오는 이들도 많군요."
(주민) : "앉아 있는 사람, 몸이 아픈 사람…"

다음의 예문은 어느 텔레비전 방송의 일기예보 끝에 담당 아나운서가 한 인사말인데 여러 가지로 어색한 표현이다.

강단에서 잘못 사용되는 우리말(5)

"이 아스크림을 한 번 드셔 보셔요."
"날씨가 따뜻해지니 야외에 나가시는 것도 생각해 보시는 것이 어떨까 생각해 봅니다."

바른 표현은

"드셔 보셔요" …▸ 맛보셔요.
"야외에 나가는 것을 한 번 생각해보[시]는 것이 어떨까요."

앞의 약수터 예문이 길어서 교회 관련 예문을 언급할 지면이 없거니와 존댓말을 바로 선택하지 못하면 말의 품격뿐 아니라 자신을 바로 인정받기도 어려울 것이다. "어떨까 생각해 봅니다"는 너무 소극적 표현이다. "어떨까요?" 정도로 말하든지 아예 말하지 않음만 못하리라.

제24서신

도한호 박사의 牧會書信

가운

예배의 성격과 강단 어휘

예배에 착용하는 복장과 사용하는 기명과 소품에 대해서 말하려면 먼저 예배의 성격부터 규명해 두어야 할 것 같다. 구교의 예배는 미사제사로서 예전적이며, 개신교 예배는 교파 간에 다소의 차이는 있으나, 신자들이 회개와 감사와 헌신을 자발적으로 표현하는 말씀 중심의 탈 예전적 예배라고 할 수 있을 것이다. 구교에서는 예수께서 사제의 몸을 빌려서 친히 성단(聖壇)에 왕림하셔서 자신의 제사를 직접 인도하시므로 예수께서 쓰시는 기명과 소품은 모두 성물(聖物)이며, 그가 입으시는 의복은 성의(聖衣)이다.

개신교라 할지라도 루터교회의 예배는 미리 작성된 순서에 따라 기도문을 낭송하고 찬송하고 말씀을 듣는, 좋은 의

가운

미에서 매우 의식적인 예배라고 할 수 있으며; 장로교회는 칼빈 선생의 모범에 따라 가운을 착용하기도 하고 자발적으로 교회력(敎會曆)을 존중하며 말씀과 의식이 조화를 이루는 경건한 예배를 추구한다. 쯔빙글리는 칼빈과 같은 노선에서 개혁운동을 했지만 일체의 의식과 악기를 배제하고 오직 말씀 중심의 예배만을 강조한 것으로 알려졌다.

한국교회는 종교개혁자들의 탈 예전적 개혁정신을 존중하고 그들의 노선을 따르면서도 여전히 성물, 성단, 성찬, 성의 등 예전적인 어휘를 사용하고 있으며; 개신교회 일각에서 구교회가 사용하는 성서일과를 답습하는 것은 일말의 염려가 아닐 수 없다. 성서일과 대신 교회력, 성단 대신 강단, 성의 대신 가운, 성물 대신 떡 포도주 잔 등 탈 예전적이며 사회적 어휘를 사용하는 것이 바람직할 것이다.

"성의 착의식"은 잘못

가운을 착용하는 것은 의식에 경건성을 더하기 위해 나쁘지 않다고 생각하지만 안수 받는 목사에게 가운을 입혀주거나 또 그것을 "성의"라고 하며 "착의식(着衣式)"을 하는 것

가운

은 명백한 잘못이다. 구교에서 서품(序品)을 받는 사제에게 가운(성의)을 입혀주는 것(착의)은 그에게 복을 선포하고 죄사함을 선언할 권리를 부여하는 의미가 있으나, 개신교회의 목사는 복을 선포하는 것이 아니라 복을 빌고(축복), 죄를 용서 하거나 사죄를 선포하는 것이 아니라 용서를 구하는 목회자이므로 "성의 착의식" 같은 예전적 의식을 해서는 안 된다 하겠다.

개신교회의 목사는 목회[삶] 현장에서 양떼를 치는 목회자이지 서품 받아 품위(品位)에 따라 집례하는 사제가 아니라는 점을 명심해야 할 것이다. 양떼를 푸른 초장과 잔잔한 물가로 인도해야 할 목자에게 "성의"라니 당치 않은 말이다.

오늘의 개신교회가 한 편으로는 지나치게 대중화되고 한 편으로는 예전적 제도적으로 뒷걸음치고 있는 것 같아서 염려가 크다. 어떤 대가를 치루더라도 개혁을 역행하는 일만은 없어야 하겠다. 뜻있는 목회자들의 각성이 요구되는 시대이다.

축도(祝禱)

한국교회의 축도가 목사에 따라 각양각색으로 행해지기 때문에 이를 검토하고 정리해야 할 필요성을 느껴왔다.

여러 가지 축도 본문

일반적으로는 고린도후서 본문을 가장 많이 사용하지만 빌립보서와 민수기 본문도 사용할 것을 권장하는 바이다.

1) 고린도후서 13장 13절

"주 예수 그리스도의 은혜와 하나님의 사랑과 성령의 교통하심이 [너희 무리와] 함께 있을 지어다."

2) 빌립보서 4장 7절

"[그리하면] 모든 지각에 뛰어난 하나님의 평강이 예수 그리스도 안에서 너희 마음과 생각을 지키시리라."

3) 민수기 6장 24절 - 26절

"여호와는 네게 복을 주시고 너를 지키시기를 원하며 여호와는 그의 얼굴을 네게 비추사 은혜 베푸시기를 원하며 여호와는 그 얼굴을 네게 향하여 드사 평강 주시기를 원하노라 [할지니라 하라]."

축도의 의미와 방법

1) 축도는 아는 바와 같이, 바울이 고린도 신자들에게 보낸 편지 끝에 그들의 평안을 비는 문장이다. 이 이상으로 확대 해석해서는 안 된다.

2) 축도를 하기에 앞서 기도를 하는 것은 가급적 삼가야 할 일이다. 기도는 이미 앞서 여러 번 있었다.

3) 축도에 "성령의 역사, 충만, 임재" 등의 수식어를 첨가하는 것은 좋지 않아 보인다. 그러려면 차라리 기도를 하는 것이 좋을 것이다. "성령의 교통하심" 안에는 역사, 충만, 임재 등의 의미가 다 함축되었음을 유념해야 한다. 성경 본문대로 하는 것이 좋을 것이다.

4) 축도의 종결 문장은 "… 축원 합니다" 또는 "… 있을지이다" 하는 것이 바르다 하겠다. 축도 원문에는 동사가 없기

축도

때문에 종결 문장은, "… 함께 하시기를 기원합니다" 또는 "… 함께 있을 지이다"가 원문의 의미에 가장 가까운 번역이라 하겠다. "지이다"는 기원이 분명하지만, "찌(지)어다"는 명령과 선포의 의미가 강하다는 점을 유념하고 삼가야 한다. 목사는 축복과 용서를 기원할 수 있으나, 그것을 명할 수 있는 이는 하나님뿐이시다.

신조와 신경

1. 신조의 기원

한국교회가 고백하는 "사도신경"의 기원은 초기 교회가 성경의 주요 내용을 발췌해서 개종 및 세례 때의 신앙고백용으로 사용한 "로마[교회] 신조"에 있다. 영어로는 "크리드"(Creed), 라틴어로는의 "포뮬라"(*Formula*)이므로 "신조"가 바른 번역일 것이다.

2. 사도 신조의 유래와 변천사

1) 로마 신조(*Formula Romana*) : 앞서 언급한 바와 같이, 기독교가 3-4세기경에 만들어서 개종과 세례 때의 신앙고

백용으로 사용한 신조로서 사도신조의 기원이다.

2) 아킬레아 신조(Formula Aquileiensis): 기독교가 로마의 국교가 된 후 5세기 경에 로마신조를 수정해서 만든 것으로서 이 신조에는 예수께서 죽임 당하신 후에 "지옥(inferna)에 내려가셨다"는 내용이 추가 되었다.

3) 로마교회 공인 신조(Formula Recepta): 6-7세기 경에 만들어진 것으로서 이 신조는 아킬레아 신조의 "거룩한 교회"(Ecclesiam)를 "거룩한 공회"(Catholicam)로 수정하였다.

3. 유의할 점

1) 아킬레아 신조에 "예수께서 지옥에 내려가셨다"는 구절을 추가한 것은 로마교회가 연옥교리를 선양하기 위해서이며,

2) 그 후 공인 로마교회 신조에 "거룩한 교회"를 "거룩한 공회," 즉 가톨릭교회(Catholic Church)로 바꾼 것은 전체적인 교회를 지칭함이 아니라 로마 가톨릭교가 유일한 교회라고 주장하기 위한 조치로 보인다. 그래서 루터는 신조는 받아들였으나 "거룩한 공회" 대신 "거룩한 교회"라고 고백하게 했다.

신조와 신경

문제는 우리 찬송가와 성경 속표지의 사도신조 영어 본문에는 지금까지도 "예수께서 지옥에 내려가셨다"는 로마교회 공인신조 번역이 게재되어 있고, 한국교회는 여전히 "거룩한 공회"를 믿는다고 고백하는 것이다.

3) 침례교회가 사도신조를 고백하지 않는 이유는, 성경말씀이 아닌 것을 거듭 고백할 때의 부작용을 우려해서다. 한국교회가 신조를 신경으로 호칭하는 것이 바로 그런 우려가 현실화된 하나의 예라 할 수 있을 것이다. 성경과 신조는 기본적으로 다르다는 사실이 희석되어서는 안 되겠다.

그러나 이미 많은 침례교회들이 예배에서 이 신조를 고백하고 있다. 침례교회이건 어떤 교회이건 사도 신조를 고백할 때는 그 역사와 의미를 바로 알고 최소한 (1) "사도신조"로, 그리고 (2) "공회"가 아닌 "교회"로 고백하는 것이 바를 것이다.

제27서신

재세례파(Anabaptist)

재세례파는 콘래드 그레벨과 발사살 허브마이어 같은 유럽의 종교지도자들에 의해 추진된 종교개혁운동의 한 지류였다. 이 운동은 16세기 중반에 시작되어서 한 때는 유럽 전 지역에서 종교개혁을 선도하기도 했다. 그러나 칼빈과 루터의 개혁운동이 사회 안에서 시민을 대상으로 진행된 데 반해서, 재세례파운동은 격리된 공동체 안에서 주로 이루어졌기 때문에 시작부터 시민사회와는 간격을 가지게 되었다.

침례교회와 유사한 점

재세례파의 교리와 주장에는 1) 신자의 침례, 2) 양심의 자유, 3) 정교분리 등 침례교회가 추구하는 이상과 동일하거나 유사한 점이 많다. 그래서 역사학자들 가운데는 이 단체를 침례교회의 기원으로 규정하기도 했으며 그런 이유에서 한국에서는 명칭을 "재침례파"로 번역한 것으로 보인다. 그러나 침례교회는 17세기 초 영국의 개혁자들에 의해 시작된 교파이지 유럽의 재세례파를 기원으로 하지 않는다.

침례교회와 다른 점

알다시피 재세례파 운동은 다양해서 구성원과 지도자에 따라 교리와 행습을 달리하는 경우가 많았다.

1) 그들의 세례는 종파와 지도자에 따라서 살(분)수례, 관수례, 침수례, 삼중침수례 등 다양한 형태로 베풀어졌다. 침례교회가 침수례를 베풀면서 그 의미를 로마서 6장 2-3절의 말씀에 따라 예수님의 죽으심과 장사됨과 부활에 두는 것과는 달리, 재세례파는 추종자들이 이전에 속했던 교회나 단체에서 받은 모든 의식을 인정하지 않고 재 세례를 실행하는 데 초점을 두었던 것으로 보인다.

2) 침례교회는 이 의식을 신약성경의 모범을 따르고 예수님의 명령(마 28:19)에 순종하는 것으로 간주하는 반면에, 그들은 구원의 조건으로 가르쳤다.

3) 그들은 현세를 성령의 시대로 간주하고 성령의 시대에는 말씀과 상관없이 성령의 직접적 계시가 온다고 주장했다.

4) 국가를 포함한 모든 세속적 권위를 배격하고 납세와 국방의 의무를 거부하고 공동체 생활을 하면서 오직 재림과 지상천년왕국을 고대했다.

재세례파 운동을 침례교회의 기원으로 간주하거나 그들을 "재침례파"라고 호칭하는 것은 바르지 않다 하겠다. 또한, 침례교회를 국방과 납세의 의무를 거부하면서 단신론적 기독론을 가지고 공동체 생활을 하는 일부 멘노파(Mennonites)와 혼돈해서도 안 된다.

안내

 인류사회가 문명화 되어감에 따라 사회 각 분야마다 전문가가 생기고, 규모가 커지면서 자연히 안내자를 필요로 하게 되었다. 여행에도 안내(가이드)가 있고, 공공기관과 편의시설에도 영접소(리셉션 데스크)나 안내소를 설치하고 안내자를 배정한다.

 교회도 예외가 아니어서 신도들에게 주보를 나눠주고 자리를 안내하는 안내담당자를 두고, 초청 설교자나 내빈이 있을 경우 강단에서도 담임목사나 사회자가 내빈을 안내하게 된다. 교회를 방문해서 강단에 서거나 음식을 공궤하거나 공궤 받을 때 공통적으로 느끼는 불편이 있어 지적하고자 한다.

안내

강단에서

내빈이 교회를 방문해서 강단에 오를 경우, 사회자나 담임목사가 앞장서서 자리를 안내하지 않고 내빈을 먼저 강단에 오르라고 하는 경우가 종종 있다. 예우로 그렇게 하는 것이겠지만 내빈으로서 강단에 먼저 올라가면 어떤 자리에 앉아야 할지 몰라 머뭇거리는 경우가 생긴다. 초청자를 강단에 안내 할 때는 예외적인 경우가 있겠지만, 대개는 사회자나 담임 목사가 "제가 안내하지요" 하고 앞장서서 자리를 안내하는 것이 좋을 것이다.

음식점이나 공공 장소에서

이와 비슷한 경우를 음식점에서도 자주 경험한다.
1) 음식점은 초청자가 정할 일이지 대접받는 사람에게 정하라고 해서는 안 된다. 음식점이나 음식을 선택하는 것은 베푸는 이의 경제사정과 편의와 참석하는 사람의 범위가 고려되어야 하기 때문에 초대받은 이에게 선택하라고 하는 것은 예의가 아닐 것이다.

안내

 2) 음식점에 들어갈 때도 초대자가 앞장서서 자리까지 안내할 일이다. 초대 받은 이가 떠밀려서 먼저 들어서면, 일행이 몇 명이냐, 예약을 했느냐, 누구의 이름으로 예약했느냐 등등을 묻는데, 그런 질문은 초대받은 사람이 대답할 질문이 아닐 것이다.

 3) 또한 주인이든 손님이든 음식이나 차는 마음에 생각해 두었다가 속히 주문할 일이지 차림표를 보고 또 보며 시간을 끌 일이 아니다. 손위 사람 앞에서 젊은 이가 시간을 끄는 것도 나쁘지만 주인 역시 그렇게 해서는 안 될 것이다.

 한국인들의 일반적인 성향은 내성적이라고 보아야 할 것 같다. 강사로 다른 교회에 가서 설교를 마치고 나올 때는 신자들이 주인의 입장에서 손님에게 인사해야 할 터인데 대부분 우물쭈물 강사가 먼저 말을 걸기 전에는 인사도 하지 못한다. 좋은 신자가 되려면 안내와 인사도 잘 해야 한다. 목사는 더욱 그러하다. 생각해보면 목회자도 결국은 인생 안내자이기 때문이다.

제29서신

강사 소개

  한국교회처럼 교파를 초월해서 강단 교류가 활발하고 연합집회가 많은 기독교 국가도 흔치 않을 것이다. 이와 같은 활발한 교류는 교파주의와 종교적 폐쇄주의의 위험으로부터 벗어날 수 있는 바람직한 현상이라고 생각한다.

  강사가 특별한 사람이 아니라 목회자가 다른 교회 강단에 서게 되면 바로 강사가 된다. 강사소개는 예배의 중요한 요소인데도 목회학이나 예배학 교재에 언급이 없고 통용되는 수칙마저 없어서 사회자나 담임목사가 생각하는 대로 하다 보니 때로는 지나치고 때로는 소홀히 하는 실수를 범하게 된다.

강사 맞이

강사를 초빙한 교회는 강사가 교회를 찾아가는 데 어려움을 당하지 않도록 배려해야 한다.

예배의 성격과 방식 설명

강사를 초빙했을 경우에는 예배 순서를 미리 설명해서 예배 중 특별순서에 강사가 당황하는 일이 없도록 해야 한다. 또한 교회마다 특수 상황을 가지고 있으므로 주의할 일이나 피해야 할 말을 미리 알려주는 것이 좋을 것이다.

기도하고 말씀 정리할 시간

강사에게는 강단에 오르기 전에 손 씻고 머리 빗고 옷매무새를 고칠 수 있는 화장실과 짧은 시간이라도 기도하고 그날의 말씀을 정리할 시간을 배려하는 것이 좋다.

강사 소개

강사 소개 요령

1) 사회자가 미리 준비한 소개 내용을 강사에게 보여주어 내용을 가감할 기회를 준다.

2) 소개할 때의 언어를 잘 선택해야 한다. 오관석 목사를 소개하면서 설교를 잘하는 목사님이라고 하거나 박목월 시인을 소개하면서 시를 잘 쓰는 사람이라고 하는 것은 잘못이다. 오관석 목사는 한국교회의 부흥운동을 이끈 이, 박목월 선생은 시인이라고 하는 것이 적합할 것이다. 설교를 잘 한다거나 시를 잘 쓴다는 말은 학생이나 아마추어[에머처]를 소개할 때 사용하는 말이지 대가(大家)를 가리키는 말이 아니다.

3) 해당 교회와의 관계, 직분과 봉사, 사회적 공헌 등을 간략하게 소개한다.

4) 소개가 넘쳐서 칭송이 되거나 부족해서 강사가 무시당하는 느낌을 가지지 않도록 주의해야 한다.

강단에서 잘못 사용되는 우리말(6)

1. "하기를 원합니다" 형의 잘못

"옆에 앉은 사람과 인사를 나누기 원합니다," "감사하기 원합니다," "기도하기 원합니다" 등의 말은 우리말이 '영어 문장 번역 형태'로 변질된 좋은 예이다. 언제 인사를 나누라는 말이며 또 언제 감사하겠다는 것인가? 이런 말은 "옆에 사람과 인사를 나누세요," "감사합니[시]다" 또는 "감사하세요," "기도하기 바랍니다[기도 합시다]"하고 적극적인 표현을 사용해야 한다(제20서신 참조).

2. "기도 했습니다" 형의 잘못

흔히 기도를, "… 기도 했습니다"로 끝맺는다. 기도는 현재인 지금 하는 것이므로 "기도 합니다" 하거나, 높임말을 사용해서, "기도 드립니다"로 끝맺어야 한다(제5서신 참조).

강단에서 잘못 사용되는 우리말(6)

3. **"치중"**은 균형을 잃고 한쪽으로 기울었다든가 한 곳이 너무 강조된다는 의미인데, "심방에 치중 하겠습니다" 또는 "교육에 치중 하겠습니다" 하고 말하는 것은 잘못이다. 이때는 치중 대신 "집중" 또는 "강조"라는 말을 사용해야 한다.

4. **"타협"**은 원칙을 떠나서 해결점을 찾는다는 좋지 않은 표현인데 근래에는 매스컴에서조차 이 말을 마치 서로 양보해서 최선의 결과를 얻어내는 것처럼 잘못 사용한다. '타협할 줄 알아야 합니다" 대신, "대화로[또는 '양보로'] 해결할 줄 알아야 합니다"로 말해야 한다. 타협은 원칙을 떠난 해결점을 의미하므로 자체로서 좋은 말이 아니다. 모두가 타협만 하려들면 원칙은 누가 지킨다는 말인가?

5. 연상(年上)과 연하

남녀관계에서 연상이나 연하란 말은 단순히 나이가 많거나 적다는 의미가 아니라 여성이 남성보다 나이가 많을 때 비교적으로 또는 교차적으로 사용되는 말이다. 남성이 여성보다 두 살 많은 정상적인(?) 부부를 소개 하면서 "신랑이 두 살 연상입니다" 라든가 "신부가 두 살 연하입니다" 하고 말해서는 안 된다.

강단에서 잘못 사용되는 우리말(6)

6. 경축(慶祝)

경축은 단순한 축하가 아니라 독립(해방) 기념일, 삼일절, 대통령의 취임식 등 국가적 경사를 일컬을 때 사용하는 말인데, 근래에는 "경축 합격," "경축 결혼," "경축 회갑연" 등등에까지 잘못 사용되는 경우가 많다. 국가적으로 경하할 일 외에는 "축!" "축하합니다!" "축하" 등의 단순한 표현을 사용해야 한다.

7. "기분좋습니다"는 기쁜 일의 결과로 기분이 좋아지는 것이므로 점잖은 대화에서는 "기쁩니다"로 말해야 한다. 이것은 권세과 권능의 관계와도 같다. 권능은 힘과 권력, 권세는 그것을 부리는 것을 의미한다.

8. 목회자가 강단에서 무심코 사용하는 말짱 헛것이다, 헛물켜다, 빼도 박도 못하다, 내 와이프가, 내 사모님이 등의 비속어와 부적절한 말은 목회자의 품위와 은혜를 떨어뜨리는 요인이 될 수 있다. 언어 감각은 젊을 때 익혀두지 않으면 바로잡기 어렵다.

제31서신

개교회주의(個敎會主義)

개교회주의는 침례교회가 추구하는 행정적 이상으로서 지역 교회의 독립성과 자치성을 존중하는 정체성이다. 즉 지역교회가 인사(人事), 재정, 행정 등에서 상부 조직의 지시나 간섭을 받지 않고 독립적 자치적으로 치리(治理)하는 것을 의미한다. 이것은 침례교회는 개교회들이 동의하고 지방회와 총회가 정한 규약의 범위를 벗어나지 않는 한 어떤 간섭도 받지 않고 자치적으로 목회[운영]할 수 있다는 의미이다. 이와는 대조적으로 대부분의 다른 교파들은 교단 안에 상하부 조직이 있으며, 장로교회는 연대[주의]적 정체성을 가지기 때문에 총회 및 헌법재판소가 개교회 문제를 직접 심리하고 판단할 수 있다.

개교회주의에 대한 오해

목회자들 가운데는 침례교회는 개교회주의 때문에 협력이 안 된다는 말을 하는 이들이 간혹 있다. 그것은 개교회주의를 지역교회가 재정이나 교리적인 면에서 협동을 거부하고 오직 자기 교회만을 위한 이기적인 행정을 한다는 의미로 오해한 데서 나온 말이다. 개교회주의는 지역 교회의 자율성을 인정하는 행정적 원리이지 협동을 거부하는 원리가 아니다.

남침례교회의 개교회주의

개교회주의 이상을 세우고 그 이념을 스스로 충실하게 실현하고 있는 [미국]남침례교회는 온 세계의 모든 개신교 교파들 중에서 협동을 가장 잘하는 교파일 것이다. 남침례교단 소속 교회는 매 회계 연도에 개교회 예산의 1/10을 대외협력비로 총회에 헌금한다. 총회는 그 예산으로 해외 및 국내 선교를 수행하고 여섯 개의 교단 신학교를 지원하고 총회를 운영한다. 한 예로, 멤피스의 벨뷰침례교회(고 Adrian Rogers

개교회주의

목사)는 1985년에, 교회 예산 6백만 불 중 100만 불을 총회협동사업비로 헌금하고 100만 불을 교회 자체의 선교 및 구제비로 사용하고 나머지 400만 불로 교회 운영예산을 세우는 것을 보았다.

남침례교 안에 있는 여섯 개의 신학교는 각각 매년 총회로부터 수백만 달러 씩의 재정 지원을 받아서 부족한 운영비를 충당하고 남침례교회 출신 학생들에게는 등록금의 1/2에 해당하는 장학금을 지급한다. 이와 같은 협동이 개교회주의의 이상이다.

앞으로는 개교회주의 때문에 협동이 잘 안 된다고 하지 말고 개교회주의 덕분에 자율적인 목회를 할 수 있다고 말하기 바란다. 개교회주의는 협동의 기초 위에서, 협동을 전재로 피어나는 꽃이라 하겠다. 더 이상 개교회주의를 오해하지 말기 바란다.

제32서신

로마 가톨릭교회와 정교회(正敎會)

기독교는 313년 콘스탄틴 대제가 종교의 자유를 선포한 후 325년 니케야 종교회의를 지나면서부터 점차 의식과 제도 중심으로 변모되어 가톨릭교회가 형성되었다. 10세기에는 정교회가 분리되어 나갔고 정교회는 다시 그리스정교회와 러시아 정교회로 분리되었다. 로마 가톨릭교회와 정교회 간의 차이를 비교해 보았다:

1. 교회의 형성
- 로마 가톨릭교회 - 445년, Leo 주교가 교권을 장악한 때
- 정교회 - 988년, 키예프의 불라디미르 대공이 기독교를 국교로 선포한 때

2. 분포 지역과 명칭
- 로마 가톨릭교회 - 서유럽, 로마 중심 - 서방교회
- 정교회 - 그리스, 러시아 및 동 유럽, 콘스탄티노플 중심

- 동방교회

3. 사용 언어
- 서방교회 - 라틴어
- 동방교회 - 그리스어

4. 성호(聖號)
- 서방은 아래로 그은 다음 왼쪽 어깨에서 오른쪽 어깨로
- 동방은 아래로 그은 다음 오른쪽 어깨에서 왼쪽 어깨로

5. 성상(聖像) 숭배
- 서방은 성상
- 동방은 성화(聖畵)

6. 모자
- 서방은 원형
- 동방은 원통형

7. 축성(祝聖) 및 축신(逐神)
- 서방은 성수 뿌림;
- 동방은 향 피움(현재는 구분 없는 듯)

8. 결혼
- 서방은 사제에게는 금지
- 동방은 허용하지만 기혼자는 주교가 될 수 없음

9. 성체(聖體) 성사
- 서방은 신자는 떡(성체)만 음복;
- 동방은 떡과 포도주(성혈) 음복. 모두 화체설

10. 교회의 수장(首長)
- 서방은 사도의 후계자로서의 교황,

로마 가톨릭교회와 정교회

- 동방은 지도자로서의 대주교

11. 정교분리
- 서방은 정교 분리
- 동방은 황제를 교회의 수장으로 시작

12. 성경
- 서방은 외경포함 73권과 전승과 교황의 교도권을 동등한 권위로 인정;
- 동방은 70인역을 사용하나 정경의 권위만 인정

13. 구원의 수단
- 서방은 공적
- 동방은 믿음(신인협동설)

14. 성례전과 의식의 효력 : 동, 서방이 7성례전 준수하나
- 서방은 의식의 사효성(事效性);
- 동방은 인효성(人效性) 주장

15. 내세관
- 서방은 연옥(속죄의 고통 체험);
- 동방은 림보(축복과 고통 미리 경험)

제33서신

교파와 창시자

교 파	발원지	창설년도	창설자(검색어)
기독교	예루살렘	기원 30년경	베드로와 사도들(초대교회)
로마 가톨릭교회	로마	445년	레오 대주교(390-461) - (교황)
정교회	키예프	958년	블라디미르 대공(955-1015) - (풀로로브스키)
루터교	비텐베르크	1517년	말틴 루터(1483-1546) - (95개조)
장로교	제네바	16세기	요한 칼빈(1509-64) - (종교개혁)
메노나이트교회	런던	1525년	메노 시몬스(1469-1561) - (공동체)
성공회	런던	1533년	헨리 8세(1491-1541) - (국교)
개혁주의침례교회	암스텔담	1609년	존 스미스(1554-1612) - (메이 플라워)

교파와 창시자

교 파	발원지	창설년도	창설자(검색어)
침례교회	런던	1612년	토마스 헬위즈(1575-1614) - (신자의 침례)
퀘이커(신우회)	런던	1640년대	조지 폭스(1624-91) - (의료선교)
감리교회	런던	1739년	존 웨슬리(1703-91) - (선교)
제7일예수재림교회 (안식일교회)	미국	1863년	윌리엄 밀러(1782-1849) - (안식일)
그리스도의 교회	펜실베니아	1809년	토마스 켐벨(1763-1854) - (환월신학)
말일성도그리스도의 교회(몰몬교)	뉴욕	1830년	조셉 스미스2세(1805-44) - (유타주)
회중교회	런던	1891년	인물 없음 - (조합교회)
[한국]성결교회	서울	1907년	김상준 / 정빈 - (사중복음) (1901, 카우만과 킬보른이 선교)
구세군	런던	1865년	윌리엄 부스(1829-1912) - (구제)
크리스챤 싸이언스	뉴욕	1866년	메리 베이커 에디(1821-1910) - (치유)

*관점에 따라 다소 다를 수도 있을 것이다.

제34서신

예배에서 삼가야 할 일

신자들에게

1) 통로나 출입문을 막고 서서 이야기하는 것.
2) 앞자리를 비워 놓고 뒷자리에만 앉는 것.
3) 질병이나 특별한 이유 없이 모자를 쓰고 예배드리는 것.
4) 기도 중에 목사님, 집사님 등 과도하게 존칭을 사용하는 것. 가급적 주의 종, 주의 사자 또는 존칭 없이 직분을 사용하는 것이 바람직하다.
5) 냉소적인 태도.

예배에서 삼가야 할 일

사회자 또는 목회자에게

1) 강사를 초빙해놓고 찬양과 광고 및 교회 자체 행사로 시간을 소진하는 것,

2) 시간 없다고 말하면서 중언부언하고 계속 긴 찬송을 찾아 부르는 것,

3) 찬양이나 특별 순서를 위해 강대상을 함부로 옮기는 것(제8서신 참조).

4) 순서에 맞지 않는 말과 장황한 설명. 한 번 말하면 되는 것을, 자신도 모르게, 두 번 또는 네 번까지 되풀이 하는 이도 있다.

5) 긴 후주(後奏). 축도 후의 반주는 "세 번 아멘" 정도로 그쳐서 신자들에게 일어설 기회를 주고 반주가 필요하면 다시 연주하도록 해야 한다. 긴 후주를 하면 도중에 신자들이 일어서 버리기 때문에 예배 분위기가 흐트러진다.

예배에서 삼가야 할 일

설교자에게

1) 설교 중에 와이프, 마누라 등의 비속어와 반말을 사용하는 것(제21서신 참조).

2) 아멘과 할렐루야를 강요하는 것. 원로나 특별집회, 때로 애교 있는 요구는 괜찮다.

3) 자기 자랑.

4) 본문과 교독문을 더듬는 것. 봉독(奉讀)은 하나님의 말씀을 "받들어 읽는다"는 정중한 표현이다. 봉독할 때 더듬지 않도록 본문과 교독문을 여러 번 읽어야 한다.

5) 때에 맞지 않는 설교. 기념예배나 의식예배에 가서 예화를 들어가며 장황한 설교를 하는 것. 그 예배에 무슨 말씀이 필요한가, 청중이 무슨 말씀을 기대하고 있는가를 생각해야 한다.

도한호 박사의 牧會書信

전화와 운전

30년 전에는 백색전화(개인전화)가 있는 집은 부잣집으로 간주되었고, 20년 전에는 운전이 주민등록증에 특기로 기록될 만큼 특별한 기술로 취급되었으나 오늘날은 우리 국민 누구나가 다 전화를 가졌고 운전대를 잡는다. 부사역자들은 대게 교회로 걸려오는 전화를 받게 되며, 운전기사가 따로 있는 교회라 할지라도 교회 차량을 운전하게 될 경우가 생기게 마련이다. 이 두 가지 일은 누구나, 언제나 할 수 있는 쉬운 일 같이 보이지만 사실은 어렵고 조심스러운 일이다.

전화 받기

전화는 흔히 용건에 대한 부탁이나 정보뿐 아니라 통화자 간에 인격을 교환하는 수단이 된다. 또한 전화는 업무수행의

전화와 운전

방편이 되기도 하기 때문에 사소한 일이 아니라, 목회사역의 일부라고 생각해야 한다. 내 나름대로 세운 몇 가지 수칙은 :

1) 전화가 오면 빨리 수화기를 들고, "OO교회 OO목사세 전도사 OOO입니다. 무엇을 도와드릴까요?" 하고 친절하게 응답해야 한다. 벨이 여러 번 울리게 한다든가 다른 전화를 받으면서 건성으로 받아서는 안 된다. 그것이 안 되는 이유는 그것으로 사람을 잃기 때문이다.

2) 통화자의 이름을 정확하게 물어서 전화 내용과 함께 기록해 두었다가 담임목사나 희망 수신인에게 정확하게 전달해야 한다.

3) 전화하는 사람은 누구나 공개적으로, 또는 숨은 목적을 가졌으므로 모든 전화를 민원으로 간주하고 대응해야 한다. *전화로 백만 대군을 얻기도 하고 잃을 수도 있다는 사실을 명심하라.*

운전 7칙

전화가 예절과 관계된 것이라면 운전은 안전과 관련된 것이다. 전화와 달리 운전에는 정해진 규칙이 있으므로 언제 어디서나 법규를 지켜야 한다.

전화와 운전

1) 차를 제 몸 같이 단정하게 관리하고 자주 환기시키라.

2) 목적지와 경로를 확인 또는 답사해두라.

3) 규정 속도를 지키고, 차간 거리를 유지하며, 길이 막힌다고 이 길 저 길로 우회하지 말고 특별한 일이 아닌 한 기다리는 습관을 길들이라.

4) 출발할 때와 설 때는, 출발하겠습니다. 서겠습니다 하고 의사를 분명히 하라.

5) 운전 중 휴대전화 사용은 절대 금기 사항이다.

6) 어떤 경우에도 운전대에서 손을 떼어서는 안 된다.

7) 급정거와 급차선 변경을 피하라. 전자는 생명이 위태로웠다는 증거이며, 후자는 위험을 자초하는 행위이다. 아무리 운전기술과 지리에 뛰어나도 동승자가 불안해하면 좋은 운전자가 못된다. *동승자에게 안정감을 주는 것이 운전기술에 앞선다는 사실을 명심하라.*

제36서신

교회의 재정관리

한국 교회가 국가로부터 받고 있는 혜택 중 하나가 목회자의 갑종근로소득세(갑근세) 감면조치이다. 갑근세는 일정한 소득을 가진 국민은 누구나 납부 의무를 가진 세금으로서 직장인들은 소득에 따라 다르기는 하지만 평균적으로 소득의 20% 내외의 세금을 납부하는 것이므로 감면조치는 크고 작은 교회 모두에게 커다란 도움이 되고 있다.

그런데 이와 같은 혜택에는 장점이 있는 만큼 단점도 있게 마련이다. 그 가장 큰 단점은 교회가 재정 관리를 소홀히 하기 쉽다는 문제이다. 교파에 따라 다소 다를 수 있겠지만 교회는 그 어떤 외부 기관으로부터도 재정 관리에 대한 감독이나 감사를 받지 않으므로 관리가 허술한 경우가 많은 것이 사실이다. 기업체나 공공 기관의 재정관리가 얼마나 엄격한가를 생각하면 작은 교회라 할지라도 원칙에 따라 체계를 세워나가야 할 것이다.

교회의 재정관리

작은 교회의 재정 관리에 대한 일반적인 준수사항 몇 가지를 제시하는 바이다.

1) 목회자가 헌금 주머니(궤)를 보관, 계수, 관리해서는 안 되며 이 일은 반드시 두 사람 이상의 재정위원이 함께 하게 해야 한다.

2) 금전 출납은 반드시 즉시즉시 기록하고 기록은 분명하게 보관되어야 한다.

3) 담임목사가 집안 살림하듯 교회 재정을 사용해서는 안 된다.

4) 모든 지출에는 영수증을 첨부해야 한다. 외래 강사 사례비와 구제비 선교비 등은 지불하는 자리에서 영수증을 받거나 온라인으로 송금해야 한다. 이 과정이 분명하지 않으면 신자들 간에 불신이 생기게 마련이며 때로는 지불 과정에서 사고가 발생할 수도 있다.

5) 모든 헌금은 신자 개인별로 기록해서 신자들이 연말 정산용 세금 감면이나 환급을 위해 증명서를 요구할 때를 대비해야 한다. 헌금도 사회적으로 볼 때는 기부금이므로 객관성을 갖춘 기록을 필요로 한다.

6) 연말 정산을 위해 영수증을 발급할 때 주의할 점은 (1)

하지 않은 헌금(기록에 없는) 증명서를 발급하거나 또는 (2) 액수를 올려서 발급하는 일이 있어서는 안 된다. 이런 것을 요구하거나 허락하는 행위는 범법 행위이며, 이 문제는 자칫하면 기독교 전체의 공신력이 의심받게 될 위험성마저 안고 있다. 작은 교회일지라도 공무원이나 교사 등 직장인이 있을 경우에는 연말 정산용 기부금 증명서를 요구할 것에 대비해서 기록을 잘 관리해야 한다.

7) 담임목사나 외래 강사에게 사례비를 지급할 때는 못할 일을 하듯이 머뭇거리지 말고 당당하게 전달하고 영수증 처리해야 한다.

8) 재정 관리자는 정기적으로 순환 담당하게 해야 한다.

재정 관리가 불분명할 경우 신자들에게 나타나는 현상은 (1) 개선요구 또는 불평, (2) 헌금 줄임, (3) 외부에 헌금, (4) 교회 떠남 등으로 나타난다. 불평하는 신자는 아직 교회를 사랑하는 이들이다.

제37서신

목회자 개인의 경제생활

한국교회처럼 신자들이 목회자에게 인정과 호의를 보이는 나라도 흔치 않을 것이다. 그러나 때로는 처음부터 재정 보증 등 다른 목적을 가지고 목회자에게 접근하는 이들도 간혹 있다는 점을 명심하고 대접받고 선물 받는 것을 조심해야 한다. 성의껏 초청하는 접대와 선물은 사양하기 어려운 줄 알지만 목회자와 선생된 이는 분수를 지킬 줄 알아야 한다. 이와 관련해서 젊은 목회자들의 경제생활에 대해서 몇 가지 조언하고자 한다.

개인의 경제생활

1) 신자들과 계나 금전 거래를 해서는 안 되며, 또한 신자들 간의 금전 거래를 소개하거나 추천성의 발언을 해서도 안

목회자 개인의 경제생활

된다. 불가피하게 거래가 있었을 경우에는 바로 갚거나, 후속처리를 분명하게 해야 한다.

2) 목회자는 공인(公人)이므로 재정 보증을 해서는 안 된다.

3) 부사역자의 경우 가정예배나 심방을 가서 헌금이나 사례금을 받을 경우 그것이 자신에게 주는 사례금인지 교회에 전달해 달라는 헌금인지 물어서 구분을 명확히 하고 경우에 따라서는 교통비나 사례금이라고 하더라도 담임목사에게 보고하는 것이 좋다(제13서신 참조). 금전관계가 분명하지 못하다는 인상은 목회자에게는 치명적이다.

4) 교회가 지급하는 사례비에 대해서 동료나 신자들에게 불평해서는 안 된다.

5) 신자들에게 궁색하게 보여서는 안 되며, 가난하다, 돈이 있다 없다는 등 경제생활에 대한 말을 해서도 안 된다.

교회에 대하여

1) 십일조와 헌금에 본을 보이라.
2) 신자들의 십일조나 헌금 내용을 공개해서는 안 된다.
3) 예산이나 헌금 광고는 가급적 목회자가 하지 말고 제직 중에 책임 있는 이가 하게 해야 한다.

목회자 개인의 경제생활

4) 신자들에게는 교회 운영비와 선교비 등 돈의 필요성과 헌금의 의무에 대해서 가르쳐야 한다. 이것은 강요하라는 말이 아니다. 가끔 새 신자들은 가르치지 않으면 전혀 의무를 느끼지 못하는 경우가 있다.

5) 부사역자가 교회 예산으로 출타할 경우 출장을 다녀온 후에 출장비를 정산해야 하는지, 혹은 모자라든 남든 받은 출장비 범위 안에서 쓰고 보고할 필요가 없는지, 교회의 정책을 확인해 두어야 한다. 미국 교회는 거의가 출장 후에 정산하는데 새로 부임한 목사가 그것을 모르고 출장을 다녀온 후에 정산하지 않았다가 큰 어려움을 당하는 경우도 보았다.

제38서신

도한호 박사의 牧會書信

자연친화적 교회(1) - 정원관리

  선조들은 산수(山水)와 방위와 물길과 바람의 방향 등을 고려해서 자연친화적인 집을 짓고 정원을 만들었는데, 개발 붐이 일어나면서부터는 자연환경을 무시한 택지가 조성되고 동서양 어디에도 뿌리가 없는 마구잡이식 정원이 조성되기 시작했다.

세계의 정원

  일본인들은 좁은 뜰에 물레방아와 폭포와 수초가 심어진 작은 모형 정원을 만들고, 중국의 집들은 대개 정원을 잘 만들지 않는 편이나 저택과 농원에는 후원(後園)을 만들어 연못을 파고 복숭아나무를 비롯한 큰 수목을 심는다. 러시아는 교외에 작은 오두막(별장)을 짓고 주말에 꽃과 채소를 가꾸

자연친화적 교회(1)

며, 이탈리아와 스페인 등 유럽은 잔디밭 가장자리에 침엽수를 심어 아름답게 다듬고, 영국은 꽃과 향초(香草)와 수목이 어우러진 자연형의 정원을 선호한다.

미국의 정원은 잔디밭에 띄엄띄엄 큰 상수리나무를 심고 처마 쪽에 꽃과 열매 맺는 작은 나무를 심는 정도이다. 서양 사람들은 큰 나무 밑에 집을 짓고 살지만 예부터 한국에서는 뜰 안에서 지붕보다 높이 자라는 나무를 허용하지 않았다.

한국인의 자연관과 주택 문화

선조들은 방문객이 마을을 정면에서 보고 들어가지 않게 하려고 의도적으로 길을 빗겨 내고, 마을 앞에는 멀찍이 작은 소나무 밭을 만들어서 마을이 직선적으로 노출되는 것을 막았다. 산과 강과 더불어 조화를 이루어 마을을 형성했고, 인위적으로 물길을 돌리거나 산자락을 파헤치지 않았으며 주민들의 집은 물론 상여집의 위치까지도 풍수지리 이론에 따랐다.

그러나 한국의 농촌은 새마을운동과 급한 개발과정을 겪으면서 마을길과 물길을 직선화하고 소나무 숲을 베고 그 자리에 새마을 회관을 짓는 등 선조들이 앞날을 내다보고 구상

자연친화적 교회(1)

한 조화를 대부분 깨뜨려 버렸다. 물길을 곧게 하니 마을을 휘돌아 유유히 흐르던 강이나 개천이 급류가 되어서 작은 비에도 물난리가 나고 마을길을 곧게 하면서 소나무 밭을 모두 파헤쳤다가 뒤늦게 소나무를 다시 심으며 조경을 한다고 난리다.

교회의 반성

교회 역시 대부분 앞뒤 가리지 못하고 이 개발 대열에 끼었다. 지역과 어울리지 않게 호화롭고 큰 교회당, 나무 한 그루 없이 삭막한 뜰, 큰 길이나 찻길에 등을 돌리고 앉은 교회, 필요 이상으로 큰 간판을 내걸고 밤낮 불빛을 번쩍이며 위용을 과시하는 교회당 등은 주변과의 조화를 깨뜨릴 뿐 아니라 주민들의 반감을 사서 선교에도 지장을 준다.

교회당은 주변과의 조화를 생각하며 1) 자연 친화적, 2) 에너지 절약형, 3) 사계절 용도로 건축하고, 4) 작든 크든 정원을 조성해서 이웃에 서비스해야 한다. 반성하면서 의식을 전환해야 할 시점에 이르렀다 하겠다.

자연친화적 교회(2) - 교회와 나무

집을 짓는 데는 일 년, 큰 교회당이나 빌딩을 짓는 것도 2~3년이면 완공할 수 있으나, 잣나무 한 그루를 키우려면 20년이 걸리고 은행나무 한 그루를 심고도 10년은 기다려야 제 모양을 볼 수 있다. 나무는 건축물의 약점을 보완해주고 공기를 정화하며 그늘을 만들고 바람이 쉬어가게 하며 목재와 양식을 공급하는 하나님의 선물이므로 잘 가꾸어야 한다. 천막을 칠 때 어린 나무 둥치에 천막 끈을 묶는다든가 어린 나무 가지를 휘어잡고 장난치는 아이들을 지도하지 않는 등 나무를 학대해서는 안 된다.

목적에 따른 관리

나무를 심을 때는 건물을 지을 때와 마찬가지로 용도와 목

자연친화적 교회(2)

적을 가져야 한다. 목재를 위해서라면 잔가지를 쳐가며 나무가 곧게 뻗어 올라가도록 길러야 할 것이며, 바람을 막기 위해서라면 아래 가지를 쳐서는 안 되며, 조경을 위해서라면 주변과의 조화를 고려해서 모양을 만들어 나가야 할 것이다. 그런데 이를 잘 모르는 이들에게 나무를 맡기면 대게는 아래쪽 가지를 함부로 쳐내 버려서 볼품없는 모양을 만들기 일쑤다. 이것은 복구가 불가능한 큰 실수를 저지르는 행위이다.

법규 준수

건물의 준공검사를 받을 때는 식재(植栽)와 관련된 의무 규정을 따르게 되어 있다. 일반 건축물들은 준공검사를 받은 후 얼마 가지 않아서 나무를 뽑아버리고 그 자리에 주차장을 확장하거나 상가를 짓는 것을 간혹 보았다. 교회는 그렇게 하지 않는다 하더라도 정성들여 보호하고 가꾸는 일에는 소홀한 것 같이 보인다. 최소한 법규는 지켜야 한다.

자연친화적 교회(2)

돌 축대는 이제 그만

 돌로 정원을 조경하는 것은 좋으나 차도와 인도가 접해 있는 곳이나 주차 장소 앞뒤에 돌을 쌓는 것은 작은 차량 사고를 큰 사고로 만들 수 있어 위험하다. 빌딩을 짓거나 정원을 조성하면서 비탈진 곳에 시멘트 옹벽을 치거나 돌로 축대를 쌓는 것은 필요한 일이지만 조경을 하면서 이산 저산의 돌을 가져다 축대 아닌 축대를 쌓는 일은 그만두어야 한다.

 교회는 돌을 채취하는 과정에서 자연이 파괴되고 그것을 의지하고 살던 생물들이 고통당하는 것을 고려해야 한다. 한국과 같이 작은 나라에서는 돌을 채취하는 것은 물론 운반하는 것도 해당 관청의 허가와 감독을 받게 하는 것이 타당할 것이다.

 교회 중에는 간혹 벌레가 낀다든가 습기를 조성한다는 등의 간단한 이유로 교회 경내의 수십 년된 나무 가지를 쳐내어서 불구를 만들거나 아예 나무를 잘라 버리는 데도 있다. 교회와 나무는 공존 공생 관계라는 사실을 인정하고 주일학교 학생들로부터 신자에 이르기까지 나무와 자연환경의 가치를 깨우쳐야 한다.

제40서신

도한호 박사의 牧會書信

자연친화적 교회(3) - 난초에 대하여

난초를 사랑하는 김목사에게

지난 해 이른 봄에 잠시 자네 교회를 방문했다가 이층으로 올라가는 계단과 사무실 창가에 난초 화분이 즐비한 것을 보았네. 아마 개척예배 때 축하 선물로 받은 것들이겠지. 창가에 있는 것들은 물을 너무 자주 주어서 뿌리가 썩은 것같이 보였고 계단에서 떨고 있는 것들은 물은 뒤로 하고 추위와 직사광선에 고사하기 직전인 것으로 보였네.

나는 난초를 볼 때마다 그것을 벗 삼아 학문과 인격을 도야하던 옛 선비들의 고고한 정신을 연상하게 된다네. 선비들은 난초를 기를 때, 밤에는 문갑 위에 두고 아침에는 작은 동창(東窓, 또는 篷窓)에 올려놓아서 창호지 너머로 아침햇살을 받게 했네. 그래서 난 자(蘭)는 풀초머리에 문문 자(門)를

자연친화적 교회(3)

쓰고 그 안에 동녘 동 자(東)를 넣어 놓지 않았는가. 서재가 비어있는 낮 시간에 가인(家人)은 난초가 바람을 맞고 아래로부터 흙 기운을 받도록 분(盆)을 바람이 잘 통하는 그늘진 흙 마당에 내 놓았다네.

선비는 오직 한 대(盆)의 난초를 서재에 두고 그 이상의 욕심을 품지 않았으며 서재에 하나 이상의 화분을 두는 것은 두 임금을 섬기는 것과 같은 금기로 여겼다네. 그들은 언제 필지 모르는 꽃을 기다리며 무료할 때는 지필묵을 벗 삼아 난을 치고 꽃이 피면 친구들을 불러 시를 읊으면서 학문과 인격 도야에 정진하는 한 편 난초와 같은 고고한 삶을 추구하였다네. 일반인(常人)은 난초를 기를 수도 없었고 감히 기를 생각조차 하지 않던 시대의 이야기이네.

난초는 최소한의 영양분만 섭취하며 난석(蘭石)이 마르면 공기 중의 습기를 흡입하며 물 없이도 버틴다네. 선비들은 난을 기르고 난을 치면서 약한 듯이 보이지만 강한 정신과 청심과욕(清心寡慾), 즉 깨끗한 마음에 욕심 없는 삶을 다짐했다네.

난초는 어떤 악조건 속에서도 한 해에 한 번은 반드시 꽃을 피워 기른 이에게 보답하니 충성심과 보은의 상징이며, 죽어서도 잎이 문드러지거나 꺾이지 않고 곧은 자세를 유지하고 죽은 뿌리를 거름더미에 내 던져도 주변의 지초들이

자연친화적 교회(3)

다 썩어 없어지기까지는 썩지 않으니 이는 학문을 굽혀 세상에 아첨하지 않는 곡학하세(曲學何世)의 기개를 지녔음이 아닌가.

김목사, 지금 곧 일어나 교회와 사택에 널린 난초 화분들을 모두 거두어 한 곳에 쏟아 붓고 죽은 뿌리는 잘라내고 실한 것만 골라내어 난석과 함께 소독하고, 난초는 바람이 통하는 응달에, 난석은 볕이 잘 드는 곳에 한 이틀 말렸다가 종류대로 다시 화분에 심어서 오는 주일에 원하는 신자들에게 하나씩 나눠주게. 자네는 그 중 하나만을 남겨 선조들의 방식대로 길러 보게. 난을 기르며,

하나님께 대한 일편단심과
세상에 대한 청심과욕과
자신에 대한 곡학아세의 정신을 날마다 다짐하게.

구도자의 자세가 아니고서는 난을 탐낼 수 없음 또한 새겨두기 바라네.

제41서신

자연친화적 교회(4) - 수종과 위치 선정

침엽수와 활엽수

개인 주택이나 공공건물 할 것 없이 활엽수는 동남쪽에 심고 침엽수나 사철나무는 서북쪽에 심어야 한다. 사철 잎이 푸른 향나무나 소나무를 남쪽에 심으면 겨울 동안 햇빛이 들어야 할 남쪽 창에 그늘을 드리워 집안을 춥고 음산하게 만든다. 이런 나무들은 서북쪽에 심어서 북풍을 막게 하고 남쪽에는 활엽수를 심어서 여름에는 무성한 잎으로 뜨거운 햇빛을 가리고 겨울에는 잎이 떨어져 집안에 햇빛이 들게 해야 한다.

자연친화적 교회(4)

향나무

향나무는 뾰족뾰족한 침엽수 잎이 사철 떨어지지 않고 조밀하게 엉겨 있어서 여름은 물론 겨울 동안에도 모기나 벌레나 해충의 서식지가 되므로 뜰 안이나 문 가까운 곳에 심지 않고 사방이 트인 마을 밖 우물 같은 곳에 심어서 비바람을 맞게 하는 한 편, 뿌리로부터 나오는 향이 우물을 정화시켜 주기를 기대했다. 조상들은 향나무의 가치를 알고 있었을 뿐 아니라 그것이 해충의 온상이 된다는 사실 또한 일찍이 터득하였다.

소나무

소나무(松)는 나무목(木) 변에 귀공(公)을 한 글자로서 나무 중의 귀공자를 뜻한다. 조상들은 예로부터 소나무의 운치와 효용가치를 알고 소중하게 여겨왔다. 소나무는 충절과 대장부의 기상을 상징하는 나무이기도 하다. 사육신의 한 사람인 성삼문의 단심가(丹心歌)로 알려진 시조, "이 몸이 죽어 가서 무엇이 될고 하니 봉래산 제일봉에 낙락장송 되었다가

자연친화적 교회(4)

백설이 만건곤 할 제 독야청청 하리라"의 그 '낙락장송'이 바로 소나무인 것은 잘 아는 사실이다.

소나무는 특별한 경우를 제외 하고는 한 그루만을 따로 심지 않고 군락을 이루어 심었다. 선조들은 마을 정면이나 마을 주위에 소나무 숲을 조성해서 마을이나 사택의 대문이 길손들에게 직선으로 노출되는 노충(路冲)을 방지 하고 마을에 운치를 더하려고 했다(제38서신 참조).

유서 깊은 고을마다 마을 주변에 소나무 숲이 조성된 것은 바로 이런 이유에서일 것이다. 근래 도로변이나 마을 입구를 조경하면서 소나무 밭을 조성하는 것은 그들이 알든 모르든 아름다운 옛 문화를 복원하는 하나의 '르네상스'일 것이다.

교회와 나무

교회 뜰이 좁더라도 공간이 있는 한 나무를 심어 신자들이 교회에서도 자연의 변화를 주목하게 하는 것이 신앙정서에 도움이 될 것이다. 신자들은 사계(四季)의 변화를 보고 느낄 때마다 세월의 무상함을 실감 하며 자신도 모르게 감사와 찬송을 하게 된다는 사실을 일찍 터득하기 바란다. 우선 한 그루의 나무를 심되 활엽수는 (동)남쪽에, 침엽엽수이면 (서)북쪽에 심는 것부터 실천하는 것이 어떨까.

자연친화적 교회(5) - 사람과 나무

나무와의 공존

건축 설계사들은 평면도를 그릴 때 나무를 넣어 도면상의 조화를 꽤한다. 나무는 과일과 목재를 생산하는 단순한 다년생 식물이 아니라, 환경을 조화롭게 만들고 풍수(風水)를 조정하며 인간 사회와 운명을 같이하는 삶의 반려자이다.

나는 신학대학 교수로 초빙되어 사감 보직을 받고 대전으로 이사하기 전에 목동 기숙사를 미리 방문한 일이 있었다. 사택은 불편해 보였지만 사택과 기숙사 앞뜰에 큰 수양버들과 플라타너스 여남은 그루가 줄지어 심어져 있는 것을 보고 녹음이 우거진 여름을 상상하며 약간의 기대를 가졌었다. 그런데 그로부터 약 한 달 후 이삿짐을 내리면서 십여 그루의 플라타너스가 하나도 남지 않고 모두 베어진 것을 보고 깜짝

자연친화적 교회(5)

놀랐다. 알고 보니 새로 부임한 관리 책임자가 여름에 벌레가 생긴다는 이유로 기숙사 앞의 나무를 모두 베어버렸다는 것이다.

십여 년 이상 자란 나무를 회초리 꺾듯 베어 버리다니! 교회가 뜰에 있는 나무를 그렇게 베어버린다면 그 나무를 보고 자란 젊은 신자들에게는 커다란 허탈감을 주게 될 것이다.

나무 관리

외국인들이 집단으로 모여 사는 곳이나 미군 영내 주택 부근에는 큰 나무들이 하늘 높이 솟아 있다. 그것은 그들이 나무를 있는 그대로 두고 나무와 더불어 살려고 하기 때문이다. 서양 사람들이 흔한 플라타너스나 포플러나무 일지라도 함부로 가지를 자르거나 베지 않고 자연스럽게 자라도록 하는데 반해, 동양 사람들은 함부로 가지를 자르거나 높이를 제한하며 나무를 편하게 두지 않았다. 조상들은 흔히 집안에 습기를 차게 한다는 등의 이유를 들어 나무가 지붕 위로 올라가는 것을 허용하지 않았다.

이는 큰 인물의 탄생을 허용하지 않는 사회 풍조와, 또 지도자를 세워놓고 돌아 서서 퇴진운동을 하는 우리의 소아병

자연친화적 교회(5)

적 민족성과도 연관이 있는 것 같다.

가로수는 속잎이 패어나 삭막한 거리에 파란 새싹이 보일 때쯤이면 어김없이 지방 자치단체의 녹지과 직원들이 나와서 가지들을 모두 잘라버린다. 잔가지를 잘린 중지(中枝)들은 마치 하늘을 향해 종주먹을 쥐고 있는 것 같아 꼴불견이다. 거기에서 새 가지가 나와서 싹이 나려면 한두 달은 족히 기다려야 한다. 이래서는 안 된다고 탄원도 하고 시장을 만나 설교도 해 보았으나 고쳐지지 않는다.

목동 캠퍼스 운동장 언덕의 어린 느티나무는 행사 때마다 어린 가지에 천막 끈을 묶는 등의 수난을 겪었다. 그러나 그 나무는 몇 직원들의 특별한 보호를 받으며 자라나서 하기동 캠퍼스로 이식되었고, 다시 한 번 옮겨졌으나 지금까지도 후문쪽 캠퍼스 한 모퉁이를 늠름하게 지켜주고 있다. 슈베르트의 "겨울 나그네" 중 '보리수'의 한 구절을 가만히 불러보라: "성문 앞 우물곁에 서있는 보리수 나는 그 그늘 아래 단꿈을 꾸었네." 나무의 소중함을 아는 사람이 사람의 가치도 아는 법이다.

기도에 대하여

    기도는 그리스도인들에게는 이미 생활화되어 있기 때문에 언제 무엇을 어떻게 기도해야 하는지에 대해서는 말할 필요가 없을 것 같다. 그럼에도 불구하고, 공중 기도를 들으면서 "이것은 아닌데" 하는 생각이 들 때가 있어 몇 가지 지적하고자 한다.

    1) 공중 기도와 개인 기도를 구분하는 지혜가 필요하다. 혼자 한적한 곳에서 기도할 때는 형식에 구애받지 않고 자유롭게 할 수 있겠지만, 공중 집회에서 대표 기도를 할 때는 태도와 언어와 내용과 호칭과 시간 등을 고려해서 많은 부분 절제해야 하며, 또 신자들에게도 이것을 가르쳐야 한다.

    2) 기도는 사람이 하나님께 아뢰는 것이므로 음성과 태도가 정중해야 한다. 마치 아랫사람을 나무라듯 추궁하며 독촉하고, 때로는 호통을 치듯 사자후(獅子吼)를 토하는 기도

기도에 대하여

를 가끔 듣는다. 민망하다. 자신이 지금 누구에게 무엇을 하고 있는가를 생각하고 겸손하고 예절 바른 자세를 갖추어야 한다.

3) 예배 중 대표 기도를 하는 제직이나 목회자가 기도로 광고하고, 기도로 꾸짖고, 기도로 자랑하는 것을 심심찮게 보았다. 매우 민망하다. 이것은 하나님과의 교제의 통로인 기도를 잘못 사용하는 것이다.

4) 다른 사람을 위해서 기도할 때는 호칭에 유념해야 한다. 손 위 사람 앞에서 손아래 사람을 말할 때는 존칭을 사용하지 않는 것이 언어 예절의 기본임을 알아야 한다. 즉 아버지 앞에서 작은 아버지를 말할 때는 "작은 아버님께서"라고 높여 말하지 않고, "작은 아버지가"로 말해야 하며, 목사나 스승 앞에서 부목사나 신자를 말할 때도 "김목사가, 이집사가"로 말하는 것이 바른 표현이지, "김목사님께서 말씀 하시기를, 이집사님께서" 하며 일일이 아주 높임말을 사용하면 그 말을 듣는 담임목사나 식견이 있는 사람은 그를 "본 바(보고 배운 것) 없는 사람"으로 취급하고 말 것이다.

기도는 하나님께 드리는 것이므로 기도 중에 "목사님, 장로님, 대통령님" 하고 일일이 높임말을 사용해서는 안 된다는 말이다. 목사를 호칭 할 때는 "주의 종" 또는 "하나님께서 쓰시는 종" 정도가 좋고, "아무개 장로" 또는 "대통령을 위

기도에 대하여

해 기도드립니다" 정도로 해야 한다. 언어란 때로는 문법을 떠나서 동시대에 보편적으로 통용되는 표현을 수용하는 경향이 있다고 하지만, 큰 어른 앞에서 손아래 사람에 대해 일일이 "누구님," "님께서" 하는 것은 어떤 경우에도 상식을 벗어난 표현이다.

5) 신자가 하나님께 아뢰는 것이 기도라면 하나님의 음성을 듣는 것은 명상일 것이다. 일방적으로 아뢰기만 할 것이 아니라, 고요히 묵상하며 하나님의 음성에 귀 기울이는 것도 기도의 핵심 요인이란 것을 새겨두어야 할 일이다. 때로는 다른 사람의 명상을 방해하지 않도록 배려해야 한다.

이미 언급한 바, 기도를 마치면서, "기도 했습니다" 하는 것은 부적절한 시비조의 표현이다. "기도드립니다" 또는 "기도 합니다" 하고 현재 시제로 말해야 한다(제5서신 참조).

제44서신

예언자

늘푸른교회 김목사에게

김목사, 근래에 나는 목사의 기능 중에서 예언자의 역할에 대해 반성하고 있네. 하나님의 말씀을 개인적으로 받아 백성에게 전하는 사람이 예언자일진데, 오늘의 목회자들 가운데는 하나님과 독대(獨對)하여 말씀을 받기보다 무리를 지어 그 우두머리의 의향에 따라 우왕좌왕 하는 이들이 적지 않은 것 같네.

예언자는 홀로 하나님 앞에 서는 사람

저 악명 높은 아합 왕과 이세벨 왕비 시대, 엘리야가 450

예언자

명의 바알 선지자와 400명의 아세라 선지자들과 홀로 맞서 싸울 때, 그는 오직 세미한 음성으로 들려주신 하나님의 말씀만으로 그들과 대결하지 않았는가?

눈을 들어 교계를 보게. 하나님의 예언자들이 마치 바알과 아세라의 선지자들처럼 떼를 지어 몰려다니지 않는가. 그들은 모두 목장 하나씩을 가진 목자가 되었으나, 양떼는 광야에 버려두고 바람에 날리는 갈대처럼 우왕좌왕하며 비단옷 입은 사람들을 따라 다니고 있지 않은가? 일 년 임기의 선출직 회장(回長) 자리가 무엇이 그리 대단하다고 교단마다, 해마다, 어린 예언자들이 그 휘하(麾下)에 떼 지어 모여들어 동분서주 한단 말인가.

원래, 예언자는 그 누구의 간섭이나 지시도 받지 않고 아무 데나 서지 않고 아무 데나 앉지도 않으며 아무에게나 머리 숙이지도 않고 천(千)이 반대하고 만(萬)이 붙잡아도 하나님의 음성에 따라 앞으로 나가는 사람이거늘, 요사이 예언자들 중에는 저희 우두머리의 말에만 귀를 기울이는 조직 폭력배처럼 아예 자신의 판단을 접어버리고 지시에 맹종하는 이들이 적지 않으니 참으로 개탄스런 일이 아닌가. 최소한 자신의 의견은 가져야 하지 않겠는가?

김목사, "3G 모드"로 들어가 시대를 초월해서 이런 상상을 한 번 해 보게. 웃시야 왕이 죽던 해에 이사야가 신랄(辛

예언자

辣)한 국운과 이스라엘 왕정의 후계구도를 상의하자면서 역대 선지자들에게 모월 모일 모시에 실로암 연못 행각에 모이라는 지시를 내렸다고….

예레미야가 에스겔에게 성문 앞에 나가서 함께 예언하지고 한 일이 있었던가, 말라기가 아모스에게, "형님, 어떻게 할까요?" 하고 머리 조아린 일이 있었던가? 하나님은 단체로 예언을 주시거나 지역별로 구원과 기합(氣合)을 주시는 분이 아닐진대, "노은동은 구원, 면목동은 멸망" 같은 패턴은 있을 수 없지 않겠는가. 예언자는 하나님 앞에나 사람 앞에 언제나 홀로 서야 하는 고독한 직분이네. 고독하면 반은 좋은 목사가 된 것이네.

김목사, 우리 시대는 유창한 예언자가 아니라 고독한 예언자를 찾고 있네. 하나님은 건각(健脚)을 찾으시는 것이 아니라 절름발이라도 홀로 제 길을 가는 사람을 찾으신다는 말이네. 황토 강물이 범람하더라도 샛강으로부터 실낱같이 맑은 물줄기 하나가 흘러든다면 그 강은 언제인가는 맑은 강이 될 것이네. 오늘은 이만 붓을 던지네.

제45서신

설교(2)

경인년 세모에 홀로 깨어 세월의 무상함을 실감하며 "나의 목회"를 반성하고 각오를 다짐했더니 어느새 신묘년 새해가 중천에 떠올랐네. 금년에는 연초부터 잦은 지진과 구제역, 기상이변과 모스크바 공항 테러, 규슈 화산 폭발 등으로 지구의 안부가 심상치 않네.

김목사, 충실한 신자와 정상적인 목회를 하는 목사라면 한 주간 동안 몇 번씩은 설교를 듣거나 할 것이네. 그런데 나는 젊은 목회자들이 자신을 누구라고 생각하며, 설교를 무엇이라고 생각하고 준비하고 외치는지 궁금할 때가 많다네.

목회자의 기능은 일반적으로, 1) 예언자와 2) 제사장과 3) 목자로 구분하지 않는가. 예언자는 하나님의 말씀을 받아서 **아래로 백성에게 선포하는** 기능, 제사장은 백성의 죄와 허물을 **위로 하나님께 고하는** 직분, 목자는 백성(양떼)에게 영의 양식을 먹이는 사명자일 것이네. 이 기회에 예언자로서의 목사의 기능을 한 번 검토해보세.

설교 – 하나님의 말씀을 선포하는 것

여기서 중요한 것은 목회자가 영의 양식을 신자들에게 먹이는 방식, 즉 설교의 방법이네. 젊은 목회자들 대부분이 설교를 하나님의 말씀을 전달하거나 선포 한다고 생각하기 보다는 가르치는 것으로 생각하는 것 같네. 물론 가르침이 설교에서 매우 중요한 요소라는 것은 더 말할 나위 없는 사실일 것이네. 그러나 설교를 가르친다고 생각하지 말고 예언자처럼 선포(전달)한다고 생각하면 준비와 방법이 훨씬 수월해지고 여유가 생기지 않을까.

설교라고 해서 아무 때나 아무에게나 가르치려 드는 태도는 썩 잘못된 것이네. 어린 학생들이나 청년들조차 성경을 펴들고 강단에 서기만하면 자신이 마치 설교의 대가나 사도나 된 듯 청중을 훈계하려는 태도를 취하며, 느닷없이 '할렐루야'를 외치며 '아멘'을 요구하니 많이 잘못된 것이 아닌가. 그대는 중견 목사로서 이런 문제를 어떻게 생각하는가.

설교자가 말씀을 선포하면 그 말씀을 듣고, 어떤 사람은 신앙을 고백하고, 어떤 사람은 죄를 고백하고, 어떤 신자는

설교(2)

헌신을 결심하고, 어떤 신자는 공부하고(깨달음을 받고), 어떤 신자는 은혜를 받을 것이 아닌가. 설교자는 예언자처럼 오직 하나님의 말씀을 선포하는 것이지.

판관은 중형을 선고할 때일수록 더욱 목소리를 죽이고 자세를 낮추지 않는가. '준엄한 선고'란 목소리나 태도가 준엄한 것이 아니라 선고의 내용이 엄중함을 의미한다는 점을 알아야 할 것이네. 물론, 예언자라는 히브리어 원 뜻에는 입에 거품을 물고 외친다는 의미가 있고, 실제로 하나님으로부터 화급한 예언을 받은 이들은 그가 누구이건 물불을 가리지 않고 외쳐야 하겠지. 그러나 나는 지금 일상적인 설교를 말하는 것이네.

나는 대개 바른 설교를 들으며 또 자네의 설교를 한 번도 들은 일이 없어 객관적으로 말하거니와 오늘의 설교자들이 예언자적 사명감과 어울러 종의 겸손을 몸에 익히기 바라는 마음으로 이 글을 쓰네.

사탄

*70인역 성경(Septuagint)*을 번역한 유대인 학자들이 사탄(마귀)을 히브리어 발음대로 그냥 '사탄'이라고 하거나, 혹은 '귀신의 우두머리,' '파괴자,' '반역자' 등으로 번역하지 않고 '이간자'(디아볼로스)라고 번역한 것은 놀라운 일이다. 그것은 아마 그들이 이간질이 하나님과 인간 사이와 인간과 인간 사이에 가장 심각한 죄악이라고 생각했기 때문일 것이다. 사탄(이간자)의 역사를 살펴보자.

사탄의 역사

1) 자주 오가던 친구에게서 한동안 소식이 끊어졌다. 전화를 해도 잘 통하지 않고 그의 측근이나 가족에게 전화를 해도 반응이 없다. - 이간자가 다녀갔기 때문이다.

사탄

2) 유학생활이 거의 끝나고 귀국을 앞두고 있던 어느 날, 아침 예배를 마치고 나오는데 평소 가깝게 지내던 친구들과 교수들의 표정이 싸늘하다. 모두 피한다. 이간자가 찾아다니며 저 사람은 한국으로 돌아가지 않고 미국에 남아 목회할 것이라고 속삭여서 그들에게 실망과 배신감을 심어 주었기 때문이다.

바로 여기서 중요한 의문이 하나 생긴다. 그런 유치한 속임수에 유혹되는 사람이 어디 있겠는가?
그러나 안타깝지만, 양들은 유혹하는 늑대의 꼬임에는 십중팔구 넘어 가기 마련이다. 그래서 어린 염소는 어미의 가슴에 뿔을 들이대고, 자란 양들도 판단력이 심각하게 부족하다. 이간자의 교묘한 술수와 언변에는 당할 자가 없다.

화평케 하는 자

하나님께서는 이 사탄을 대적할 무적의 전사(戰士)들을 보내주셨으니 그들이 바로 '화평케 하는 자' 곧 바른 믿음을 가진 신자들이다. 이 전사는 상심하고 있는 친구를 찾아가서 "그게 아니야, 이 답답한 친구야" 하고 말한다. 그 이상 무슨 말이 필요할 것인가. 이 한마디에 창세전부터 계획한 사탄의 궤계는 무너지고 거짓이 밝혀지고 친구는 다시 손을 잡는다.

앞에서는 좋은 말을 하였거니와, 생의 길목에서 번번이 사탄의 감언이설에 넘어가서 삐치고 돌아서고 오해하고 비방하는 친구는 친구로 생각할 필요가 없다. 해명을 한다 사과를 주고받는다 하는 것도 대부분 일시적 효과일 뿐, 그는 다른 개재에 또 다시 같은 길을 갈 것이다. 하나님은 용서하셔도 사람은 잘 고쳐지지 않는다.

목자는 오직 진실하신 친구 예수를 바라보고 목회일념으로 정진할 일이다. 주께서 모든 것을 바로잡아 주실 것이다. 그러나 이간자가 되어 하나님을 대적할 것인지, 화평케 하는 자가 되어 하나님의 아들이라 일컬음을 받을 것인지는 우리의 선택이다.

제47서신

근본적인 것과 기본적인 것

김목사, 사람이 세상을 살아가면서 갖추어야 할 것에는 근본적인 것과 기본적인 것이 있네. 근본적인 것이라 함은 하나님께 대한 믿음과 바른 신학일 것이며 기본적이라 함은 사람이 살면서 지켜야 할 규범과 상식을 의미한다 하겠네. "선생이 되기 전에 먼저 사람이 되어라"는 말이 있지 않는가. 선생 자리에 여러 직업과 직위를 넣을 수 있을 것이네. 이 말은 전문인이 되거나 어떤 직위를 얻기 전에 먼저 상식과 규범을 갖춘 인간이 되라는 말일 것이네.

몇 해 전 선교여행 중에 우리 일행이 유럽의 한 호텔에 투숙한 일이 있었네. 그 호텔에서는 신비로운 나라 한국에서 온 개신교 목회자들 20여 명을 위해 따로 아침 식당을 꾸미고 과일과 빵 등 우리 일행이 충분히 먹을 음식을 차려 놓았네. 그런데 우리 일행 중 여남은 명이 음식을 담아간 후에 벌써 몇 가지 음식이 떨어졌네. 앞선 사람들이 뒤에 사람들을

근본적인 것과 기본적인 것

생각하지 않고 여러 개를 집어 갔기 때문이지. 호텔 경영자이기도 한 주방장 할머니의 난처해하던 모습이 지금도 떠오른다네.

우리는 이제 더 이상 끼니를 거르는 가난한 나라가 아니라 베푸는 나라가 되었는데도 우리 의식은 아직 못 먹고 자라던 어린 시절에 머물러 있는 것 같았네. 집에 빵이 없는가 사과가 없는가 돈이 없는가, 음식 상 앞에만 가면 왜들 며칠 굶은 사람들처럼 허둥대는지 이해가 되지 않았네.

상수의 눈

내 염려는 우리 기독교 지도자들이 일반인들에 비해서 이 기본적인 것이 부족하다는 것이네. 그러니 목회현장에서 사사건건 신자들에게 실망감을 안겨주는 것이지. 교양은 가정교육이 기본일 것이며, 규범이라 함은 성장과정에서 터득한 바른 가치관일 것이며, 상식이라 함은 사람이 사는 기본 도리를 말함이 아닌가. 이런 인프라 위에 신앙과 신학과 목회가 세워져야 하는데 젊은 목회자들에게서 마저 그 인프라가 약하다는 것이 나의 진단이네.

스포츠를 하거나 장난삼아 내기를 할 때, "질난이"(잘하

근본적인 것과 기본적인 것

는 사람)는 오직 이기는 것에만 집착하는 사람이지만, 진정한 상수(上手)는 승패를 떠나 전체를 살피면서, 이 사람을 위해서 져주기도 하고 저 사람을 위해 이기기도 하며 게임의 균형을 만들어가는 사람이네. 이기는 데 집착하는 것은 하수(下手)들의 상도(常道)이나 상수(上手)는 그것을 초월해서 승패를 조절하고 스포츠에 재미를 더해주는 사람이란 말이네.

내 말은 목회자는 질낮이 수준에 머물러서는 안 되며, 눈 감고 토굴에 앉아서도 천리 밖을 내다보는 도사(道士)의 수준에 이르러야 한다는 말이네. 음식을 먹을 때도 바로 상수의 눈을 가져야 한다는 말이네만 어찌 음식뿐이겠는가.

신자가 실망하고 돌아서는 것이 근본적인 문제에 있음이 아니라, 기본적인 것에 있다는 사실, 모두가 명심해야 할 것이네.

식탁예절

　목회자가 신자들과 대면하는 몇 가지 통로 중에서 식탁에 함께 앉는 것만큼 사사로운 것이 없다. 그것은 식탁에서 나누는 대화와 음식 먹는 태도(매너)는 서로의 속을 다 내보이고, 들여다 볼 수 있는 가장 쉬운 기회이기 때문이다. 조상들의 예의범절은 충효(忠孝)에 근간(根幹)을 두고 있지만 일상생활에 관한 한 대부분이 음식과 식사에 대한 예도(禮度)로부터 시작된다. 이는 음식과 그에 대한 규범을 그만큼 중요시했기 때문일 것이다.

　젊은 목사가 허구한 날 신자들과 어울려 다니면서 몸에 좋다는 음식을 섭렵하며 농담이나 주고받으면, 평소에는 이해심깊고 서민적인 목사로 호평 받겠지만 그들에게 인생의 심각한 문제가 발생하면 그 관계는 곧 종결되고 만다. 그럴 때 신자들은 밥상 친구가 아닌 경건한 목사를 찾기 때문이다.

식탁예절

기본적인 것들

1) 식탁에 팔을 괴거나 다리를 꼬고 앉지 않는다.

2) 수저나 나이프를 휘저으며 말하지 않는다.

3) 생선가시나 뼈 등 입에서 음식을 뱉을 때는 화장지나 손으로 감싸서 뱉어야지 입으로 상에 뱉지 않는다. 이런 행위나 트림은 밥상에 앉은 사람들을 불쾌하게 하며 특히, 서양인들은 토하는 것으로 생각하고 식욕마저 잃는다.

4) 함께 떠먹는 '한 그릇 음식'은 자기 앞쪽에서 곱게 떠먹는다.

5) 김치나 전 등 반찬을 집을 때는 음식을 집었다 놓았다 하지 말고 한 번에 집는다.

6) 손위 사람과 함께 음식을 먹을 때는 보조를 맞추어 먹고 어른이 식사를 끝낼 때 수저를 내려놓는다.

7) 음식은 다 맛있고 모두 정성껏 만든 것이다. 다른 사람은 불평해도 목사는 불평하지 않는다.

8) 음식을 만들거나 공궤한 사람들에게 칭찬과 감사를 잊지 않는다.

9) 종업원이나 음식을 공궤 하는 이들을 인격적으로 대하고 반말을 삼가한다.

식탁예절

10) 자기 손님을 다른 사람이 대접하게 하지 않는다.

또한 뷔페는 우리에게 익숙하지 않은 문화이기 때문에 자신도 모르게 결례를 범할 수 있다. 교회는 지체부자유자와 노약자, 목회자와 내빈을 공궤할 당번을 따로 정해놓는 것이 좋으며, 신자들에게는 뒤에서 기다리는 사람들을 위해 음식을 빨리 담고 지나가게 하고, 같은 음식을 두 개 이상 담지 않는 것이 예의라는 점과, 또 한꺼번에 많이 가져가서 남기거나 남는 음식을 다른 사람에게 권하지 않도록 알게 모르게 가르쳐야 한다. 식사를 통해 남을 배려하는 겸양의 덕을 쌓게 해야지 행여 새 신자가 식탁에서 실족하게 해서는 안 될 것이다.

모세는 사람이 떡으로만 살 것이 아니라 하나님의 입으로부터 나오는 말씀으로 살 것이라고 했다(신 8:3). 이는 육신의 음식보다 더 중요한 양식이 있다는 말씀이다. 덜 중요한 것으로 인해 더 중요한 것을 잃어서는 안 될 것이다. 깨끗한 삶과 명료한 가르침으로 얻은 품위를 식탁에서 잃지 않도록 끼니마다 조심해야 한다.

제49서신

결혼식: 잔치에서 의식으로

 한국의 전통 결혼식은 사저(私邸)의 안 뜰이나 타작마당 같은 곳에 마을 사람들이 모두 모여서 해학과 덕담을 섞어 흥겹게 치르던 잔치 한마당이었다. 그러나 현대식 결혼식에는 잔치 개념과 피로연이 대부분 사라지고 의식만 남았다. 즉, 결혼식이 잔치에서 의식으로 전환되었다는 말이다. 몇 가지 유념할 일을 제안하는 바이다:

 1) 주례 : 주례는 예식 전체를 주관하는 사람이다. 때로 주례 외에 연예인이나 신랑 신부의 친구를 사회자로 세워서 재담을 곁들여서 식을 진행하는 경우도 있으나 그런 것은 결혼식을 사저나 병영 또는 직장에서 거행할 때나 혹은 피로연에는 좋겠지만 교회나 예식장에서는 어울리지 않는다. 결혼식에 사회자를 세운다면 주례를 소개하는 정도의 역할로 족할 것이다.

결혼식

결혼식 중에 주례(목사)가, 김 집사 오라고 해요, 신부 참 예쁘다, 신랑이 좋아하는 것 좀 봐 등등의 곁말을 하는 것은 의식의 품위를 스스로 떨어뜨리는 행위이다. 기쁜 마음으로 하되 의식은 의식답게 진행해야 한다.

2) 웨딩드레스 : 긴 웨딩드레스는 신부가 큰 연회장을 지난다거나 장엄한 결혼식에 어울리는 의상이지 한국의 교회나 예식장에는 맞지 않으며, 더구나 드레스를 대여해 준 가게 직원이 신부의 뒤를 따라 다니며 드레스 자락을 훌쩍훌쩍 들고 펴는 것은 보기에도 민망하다. 신부는 식장과 자신의 체형에 맞는 드레스를 선택하든지, 혹은 고운 한복을 지어 입는 것이 좋을 것이다. 단아한 한복에 하얀 면사포를 쓴 신부의 모습이 얼마나 우아할지 생상해 보시라.

3) 동영상 : 결혼식 도중에 방영하는 동영상은 축하객들이 보기 민망한 어린 시절의 노출 사진과 애정 표현이 많다. 그런 것은 화기애애한 피로연에서나 신혼부부가 함께 볼 것이지 예식 중에 방영할 내용이 못된다. 젊은 신혼부부라 할지라도 사랑이란 자신들에게는 대단한 존재이지만 다른 사람에게는 미안한 존재라는 사실을 알아야 한다. 교육은 목회자의 몫이다.

4) 인사 : 식이 끝나면 양가의 부모들은 먼저 주례에게 인사하고 출구로 나가서 축하객들에게 사례해야 한다. 되레 주

레에게 인사를 받는다든가 하객들이 그냥 돌아가게 해서는 안 된다.

5) 청첩장 : 개인적으로 친분이나 면식(面識)이 없는 이들에게 보낸다거나, 또는 아들 딸 결혼식에 연속적으로 청첩장을 보내는 것은 삼가야 할 일이며, 더구나 지도층에 있는 이들은 이를 금기로 여겨야 한다. 간혹 부담을 주지 않으려고 식이 끝난 후일에 청첩장을 보내는 경우도 있다. 그 때는 보낸 이의 뜻을 헤아려서 한가할 때 문자나 전화로 축하하면 될 일이다. 청첩장은 기쁨으로 받을 사람에게만 보내야 한다.

신언서판(身言書判)

　신언서판(身言書判)이란 선조들이 사람을 평가하던 기준이었다. '身'은 몸을 가리키는 말이지만 용모와 체격만을 의미한 것이 아니라 성품과 인격을 망라한 몸가짐을 의미하며, '言'은 바른 말과 때에 맞는 말을, '書'는 필체와 학식과 교양을, '判'은 임기응변과 넓은 의미에서의 판단력, 즉 지혜를 의미했다.

　종가(宗家)에서 며느리 깜을 고를 때는 대개 집안 어른들이 함께 규수(閨秀)를 보았다. 선(접견)을 보는 내용은 학식이나 예절 문답이 아니라 대개는 단순히 처녀의 몸가짐과 문을 여닫는 것이나 가재도구를 옮겨놓는 태도를 보는 것이었다. 선조들은 그것만 보면 나머지는 볼 필요가 없다고 생각했던 것 같다.

　한 예로, 규수가 방문을 열 때 두 손을 모아 조심스럽게 열고 방에 들어가고 돌아서서 두 손으로 문을 곱게 닫는 것이

요건 중 하나였다. 근래에는 대부분의 문이 미닫이가 아니라 밀고 당겨 여닫는 것이어서 옛적 예절이 무의미해 보이지만 출입하는 사람의 태도는 예나 지금이나 변함이 없다. 문을 벌컥 열고 들어가고, 휙 나가면서 뒷손으로 닫는 태도는 우리 시대에도 불합격이다.

흔히, 두 번째 시험은 시렁에 올려놓은 상을 내리는 것이었다. 독상(獨床), 겸상(兼床), 교자상(交子床)은 각각 크기에 따라, 성인이 발뒤꿈치를 세우고 두 팔을 뻗어야 닿을 만큼 높은, 대청(큰 마루) 시렁 위에 뒤집어서 열을 지어 올려놓는다. 선을 볼 때는 때로 그 중 하나에 몰래 물 한 사발을 올려놓고 그 상을 내려놓으라고 해서 규수가 얼마나 조심스럽게 행동하는지 시험했다.

교양 있는 규수는 알지 못하고 보지 않고서도 사발에 담긴 물이 넘치거나 쏟아지지 않도록 수평을 유지하면서 조심스럽게 가재도구를 다루어야 한다는 것이 취지였다. 상을 덥석 잡고 끌어당겼다가는 물벼락을 맞고 돌아서는 수모를 당하기 마련이었다.

책상 위의 꽃병이나 전화기를 쭉 끌어당기는 것이나 장의자를 밀어붙이는 행위는 교육 이전에 '본 바 없는 행동'으로 보아야 할 것 같다. 우리 국민의 행동이 얼마나 거칠어졌는

신언서판

지 근래에는 흠 없는 책상과 끌린 자국 없는 마루와 성한 다리보호대는 찾아보기조차 어렵게 되었다.

"사진과 기록물"(제9서신 참조)에서 이미 언급한 바, 사진을 찍는데 설 자리가 없으면 부득이 의자나 책상을 치워야 하겠지만 그렇지 않은 경우에는 의자를 치울 필요가 없다. 교회에서 찍는 사진에 의자 모서리가 찍히는 것과 교실에서 찍는 사진에 책걸상이 찍히는 것은 오히려 자연스럽지 않은가. 의식의 전환이 필요한 대목이다. 사진을 찍으면서까지 시설과 기물을 훼손하다니 어디 될 일인가?

모든 물건은 반드시 조심스럽게 들어 옮겨야 한다. 교육은 언제나 깨인 목회자 몫이다.

제51서신

시간에 대하여

"시간은 금"이라는 옛 말이 있거니와 시간은 금보다 귀한 보배이다. 시간은 하나님께서 우리 각자에게 따로따로 주신 생명이며 삶이다. 교회와 시간이라는 대칭이 좀 어색하기는 하지만 기독교인의 입장에서 시간문제를 생각해 보기로 한다.

신자들에게는 교회에서 보내는 시간은 이미 하나님께 드린 시간이므로 소중하면서도 아까울 것이 없다. 신앙심이 깊은 신자일수록 교회 시간은 다른 시간과는 달리 생각하기 때문에 예배나 기도회가 자정(子正)을 넘기고 새벽이 되더라도 개의치 않는다.

그러나 새 신자나 젊은 세대 가운데는 장시간 계속되는 집회를 피하려는 경향이 있고, 담임목사는 교회 일(목회)에만 전념하기 때문에 생업을 가진 신자들과 주부들의 시간을 존중할 줄 모른다고 불평하는 이들이 간혹 있다. 차제에 목회

시간에 대하여

에서의 시간문제를 한 번 정리해보는 것이 좋을 것 같다.

첫째로, 다른 사람의 시간도 내 시간처럼 존중해야 한다. 신자들도 하루 24시간 안에서 살고 있으며, 목회자와 똑같이 피로하고, 때로는 시간을 다투는 빚과 병을 가지고 살고 있다는 사실을 간과해서는 안 된다.

둘째로, 정해진 시간을 넘기는 것은 자기 시간을 더 쓰는 것이 아니라, 남의 시간을 빼앗는 것임을 알아야 한다.

셋째로, 정한 시간에 외래 강사를 초빙해놓고 찬양이나 다른 순서 담당자를 기다리면서 시간을 소진해 버려서 어려운 걸음을 한 강사의 설교나 가르침이 [시간에 쫓겨] 경황없이 끝나게 해서는 안 된다. 특정한 순서 담당자가 늦을 경우 기다리지 말고 가능한 순서부터 먼저 진행하는 유연성을 가져야 한다.

넷째로, 설교나 가르침을 시작하면서 간단히 하겠다든가 시간이 부족하다는 등 시간에 대해 장황하게 말할 필요가 없다. 외래강사가 신자들 앞에 서자마자, "이 주제를 바로 이해하려면 최소한 6개월은 가르쳐야 하는데 한 시간 안에 무엇을 어떻게 해야 할지 모르겠어요" 등의 말을 하는 것은 초청자를 당황하게 하며 자신의 규모 없음을 스스로 광고하는 것과 같다.

십 분이든 한 시간이든 주어진 시간에 맞추어 위촉받은 주

시간에 대하여

제를 전하면 되는 것이지 시간 탓 할 일이 아니다. 또한 한 주제를 가지고 장기간 가르친다고 해서 실력 있는 목사라고 인정해 줄 사람도 없을 것이다.

다섯째로, 순서 담당자가 되었을 때는 앞선 사람이 한 이야기를 거듭하지 말 것이며, 사회를 맡았을 때는 순서대로 진행만 해야지 공연히 들떠서 순서마다 덧말을 붙이거나 주제 강사가 발표한 것을 요약해서 다시 설명해서는 안 된다. 청중에 따라 다를 수 있겠지만, 함께 들은 말을 같은 자리에서 요약 되풀이 하는 것은 지루함을 더 할 뿐일 것이다.

말을 장황하게 하고 했던 말을 되풀이 하면 시간을 낭비하게 되며, 지루하고 갑갑한 사람이라는 인상을 얻게 되어 일상생활뿐 아니라 목회에도 지장을 초래하게 될 것이다. 시간은 대개 말 때문에 소진된다. 다른 사람의 시간을 존중할 줄 알아야 좋은 목회자가 될 수 있다.

제52서신

박사 학위

박사학위는 전문 분야의 이론과 지식에 대한 인증의 표시이다. 학위에 대한 일반적 지식 몇 가지를 소개하는 바이다.

1. 학위 구분

1) 박사 학위는 고매한 인격의 소유자로서 한 분야에 장기간 종사하며 대학과 사회에 기여한 인사에게 수여하는 명예박사 학위와 2) 연구결과물로 학위를 취득하는 박사로 구분된다. 경륜과 평판을 고려할 때 명예박사 학위가 더 존경 받아 마땅하다 하겠다.

2. 학위 표기

이력서나 경력에 학위를 기록할 때는 명예학위인 경우 흔히 '명예' 또는 'hr.'을 표기하며, 공공기관에 제출하는 이력서나 증명서에는 명예학위든 연구학위든 정규대학에서 수

박사 학위

여받은 공인된(정규) 것만을 기록해야 한다.

경력 소개란에 박사학위(Ph.D.)를 취득한 다음에 석사학위(M.Div.)를 취득한 것이나 또는 여러 개의 석사, 박사 학위가 나열된 것을 보는 이들은, 박사 다음에 무슨 석사이며 또 학자가 생애에 하나도 취득하기 어려운 학위를 직장인이나 목회자가 언제 어떻게 여러 개를 취득할 수 있었을까 하고 의아해 하게 마련일 것이다. 사실을 의심받는다는 말이다. 유효한 학위만을 가려서 분명히 적어야 한다. 박사는 필요에 의해 취득하는 학위이지만 목사는 하나님이 세우신 신분이므로 목사가 더 귀한 신분이라 하겠다.

3. 후드 색깔

석사학위부터 가운 위에 걸치는 후드는 1893년 미국에서 제정된 것으로 전공에 따라 색갈이 정해져 있어서 후드만 보아도 학위의 종류를 알 수 있다. 신학은 주홍색, 목회학은 검정색(clergy color), 철학은 감청색, 인문학은 흰색, 교육학은 연한 청색(남색), 공학은 오렌지색, 의학은 녹색, 음악은 핑크색, 그리고 농학은 옥수수색 등등이며 박사부터 금술을 달 수 있다. 후드 아랫부분에는 그 대학 고유의 색깔과 상징이 표시된다.

박사 학위

4. 원격 학위

박사학위를 원격 취득하는 것은 한국에서는 교육당국에 의해 금지되어 있다. 캘리포니아의 어떤 신학대학은 명망 있는 교육기관이었으나 한국을 비롯한 외국에서 원격 학위과정을 개설해서 박사학위를 양산함으로서 근래에는 그 대학 학위 소지자의 이력서를 받는 대학은 그가 실재로 그 캠퍼스에 출석하고 취득한 학위인지 가리기 위해 연구기간 동안의 출입국관리소 기록을 첨부하게 하는 일까지 발생했다. 인증받은 대학에 출석하면서 연구해서 취득한 학위만이 인정받을 수 있다.

5. 배지

대학의 상징인 배지가 대부분 방패모양인 것은 학문의 자유와 행정의 자율권을 스스로 지키겠다는 의지를 나타낸 것이다. 대학은 이익을 창출하거나 구제하는 기관이 아니라, 인재를 양육하는 기관이므로 국가나 설립자로부터 간섭을 받으면서는 백년대계를 세우기 어렵기 때문이다.

제53서신

도한호 박사의 牧會書信

노년(老年)의 십계명

우리나라는 경제협력개발기구(OECD) 20개 나라 중에서 출산율이 가장 낮은 나라이면서 노령화 속도는 가장 빠른 나라가 되었다. 그 결과로 인구는 감소하고 인구 비례 노인은 증가하고 독거노인이 사회 문제가 되는 전형적(典型的)인 고령화 사회 모드로 접어들었다. 목회도 "저출산 고령화 사회" 패턴에 따라야 원활할 것이다.

「목회서신」은 목회에 갓 뛰어든 젊은 목회자를 대상으로 쓰는 글이지만, 목회자가 젊다고 해서 목회 현장에서 젊은이만 상대할 수는 없을 것이다. 근래에는 노년층을 만날 확률이 더 많을 것으로 생각하고 나의 '올해의 생활수칙' 여남은 개를 소개하니 참고하기 바란다.

1) 말을 간단히 한다.
2) 몸은 가볍게, 자세는 바르게, 복장은 단정하게,
3) 모든 사람을 진심으로 대하고 정성껏 대접한다.

노년의 십계명

4) 한 번 떠난 사람은 다시 찾지 않는다.
5) 친구보다 가족을 먼저 생각한다.
6) 음식을 공궤하되 일찍 자리를 떠나준다.
7) 금전 거래를 삼가한다.
8) 남의 일에 참견하지 않는다.
9) 담임목사를 존중하고 매사에 협력한다.
10) 만물을 사랑하며 범사에 감사한다.

행정수칙

1) 미래 준비
2) 능력 위주 인사
3) 공정하되 사랑의 마음으로

추신

가끔은 퇴직한 친구들 중에 다른 친구들을 찾아다니며 자신이 시작한 새로운 사업에 투자를 요청하거나 선교회나 자선사업 기관에 후원회원이 되어 줄 것을 부탁하는 이들이 있다. 퇴직을 준비하거나 이미 연금으로 생활하는 사람에게 그런 부탁을 하는 것은 적절하지 못하다. 노년에는 새로운 일을 시작해서 가족이나 주변 친구들에게 부담을 주지 말고 할 수 있는 봉사활동을 하면서 조용히 지내는 것을 미덕으로 여겨야 한다.

젊은 목회자가 가장 조심해야 할 말은 1) 노인을 보고 노인이라고 말하거나 늙은이를 보고 늙었다고 하는 것과, 2) 살[생존할] 날이 얼마 남지 않았으니 고칠 것 없이 그대로 지내시지요, 하는 말이다. 어린이는 존중, 노인은 공경, 그리고 둘 다 공궤의 대상이다.

제54서신

추천서

 추천서를 요청하거나 부탁받는 것은 목회와 삶에서 중요한 문제이므로 몇 가지 사안을 조언하고자 한다.

 1. 추천서는 시간을 두고 일찍 부탁해야지 마감 기일을 목전에 두고 추천자를 찾아가서 시간이 없다면서 서두르는 일이 없어야 한다. 특히, 책을 추천할 때는 원고를 읽어야 하므로 추천자에게는 시간이 필요하다.

 2. 책이 출판된 후 또는 추천받은 일이 가부간에 결정된 후에는 성패와 관계없이 추전해 준 이에게 결과를 알리고 사례해야 한다.

 3. 진학관계 추천서
 1) 추천서 접수방식이 대학에 따라 다소 다르기는 하지만

 추천서

대부분의 구미 대학들은 해당 대학 추천서 양식을 미리 교부하고 추천자가 지정된 봉투에 넣어 직접 대학으로 우송하게 한다. 그런 대학에 지원하는 사람은 추천서를 자신이 받아서 보내서는 안 된다. 그럴 경우 입학 담당 부처는 어떤 방식으로든 일정한 불이익을 준다는 점을 유의해야 한다.

2) 추천을 부탁하는 사람은 자신의 이름(한문과 영어), 생년월일, 약력, 추천자와의 관계, 혼인여부, 외국어 구사와 작문의 수준 등을 메모해서 추천자에게 보내주어야 한다. 혹 언어 능력(수준) 등을 부풀려서 추천했다가는 당사자는 물론 추천자도 신용을 잃게 될 것이다.

4. 책에 대한 추천서

1) 추천서를 부탁하는 사람은 추천 내용에 포함시키기 원하는 주요 내용을 메모하거나 또는 아예 추천서 초안을 써서 추천자에게 보내면서 가감해서 완성해 달라고 하는 것이 좋다.

2) 추천서는 책의 성격에 따라 권위(또는 친분) 있는 인사 한 [두] 사람에게만 받아야 하며, 혹 한 사람 이상에게 추천서를 요청할 때는 다른 추천자에게 그 사실을 미리 알려야 한다. 자신에게만 추천을 부탁하는 것으로 알고 시간을 쪼개어 원고를 읽고 정성껏 추천서를 썼는데 책을 받고 보니 같은

추천서

교회의 원로목사와 협동목사 또는 같은 대학의 전 현 총장과 사제관계의 교수들과 동문 선후배의 추천서가 가나다 순서로 나열된 것을 보는 이는 누구나 조금은 실망하고 당황하게 마련일 것이다(제4서신 참조).

 추천서를 많이 받는 것이 책을 좋게 만드는 것이 아니라, 오히려 책의 무게를 떨어뜨릴 수 있다는 점을 유념해야 한다. 어떤 책이건 책을 펴낸다는 것은 생애의 큰 업적이며 자랑스러운 일인데 내용 이외의 것을 강조하다가 책에 손상을 주어서는 안 된다. 추천을 받는 것과 하는 것 모두 쉬운 일이 아니다.

제55서신

도한호 박사의 牧會書信

선생

선생(先生)은 글자 그대로 "먼저 태어난 사람" 또는 "일찍 경험한 사람"이라는 의미이다. 육상 경기에서는 먼저 결승선에 도달하는 사람이 우승자이며, 일찍 앞을 내다보는 사람이 선견자(先見者)요, 먼저 깨달은 사람이 선각자(先覺者)이다. 이런 면에서 선생은 단순히 먼저 태어난 사람이 아니라, 선견자와 선각자로서의 자질을 갖춘 인격체를 의미한다 하겠다.

다른 말로는 선생을 사군(師君) 또는 함장(函丈)이라 하였는데, 사군이란 인격자로서의 선생을 지칭하고 함장이란 문서와 교육과 관련된 일을 담당하는 이를 가리킨 것 같다. 선생은 사군으로서 상식과 교양과 인격을 갖춘 사람이 되어야 하며 함장으로서는 훌륭한 가르침을 베풀어야 한다는 의미이다. 그런데 요즈음의 일부 선생들은 단지 교실에서 함장의 역할만 하려고 할 뿐 사군이 되기를 포기한 것 같이 보이기도 한다.

　오래 전에, 필자가 사회적으로 관심이 고조되던 어떤 문제에 대해 글을 발표한 후에 우연히 친구의 문집 속에서 그 친구가 이미 십여 년 전에 같은 문제를 주제로 쓴 논문을 발견하한 일이 있었다. 나는 그와 자주 만나지는 못했지만 수십 년 동안 사귄 친구인데 내가 깨닫지 못한 문제에 대해 그 친구가 일찍이 깨닫고 또한 그처럼 예리한 통찰력을 가진 이유가 무엇일까 생각했다. 그 가장 큰 이유는 나의 우둔함에 있었지만 다음 이유는 아마 그 친구는 학문과 삶의 이치를 깨달은 훌륭한 선생들에게 가르침을 받았기 때문이었을 것이다.

　그런데 선생이 아무리 훌륭하고 가르침이 뛰어나다고 해도 구제불능인 학생도 있다. 필자는 종종 이단에 빠지거나 일시적으로 목회에 실패한 제자들로부터, "우리 대학에서는 왜 그런 것을 가르쳐 주지 않았는지 모르겠어요" 하는 원망을 듣는다. 그러나 선생들은 입이 닳도록 그 문제를 가르쳤는데 학생의 귀가 열리지 않아 듣지 못했을 뿐이었다.

　오래 전에, 목회하던 교회를 버리고 이단에 빠진 한 친구가 필자를 찾아와서 부산에 있는 어떤 성경공부 모임(후에 이단으로 규정됨)에 가서 교주를 만난 이야기를 했다. 첫 대면에서 교주가 그 친구의 손을 덥석 잡으면서, "김 목사에게는 품어주는 사랑이 필요합니다" 하고 말 했을 때 내 친구는 한 번도 들어보지 못한 큰 가르침에 그 분 앞에 꼬꾸라지고 말았다고 했다. 생각해 보면, 내 친구가 그 순간에 처음으로 어떤 느낌을 가졌을 뿐, 그런 말은 성경이 구구절절 가르치는 말씀이다.

목회자는 깨닫거나 깨닫지 못하거나 모든 신자에게 가르침을 베풀어야 하는 선생이다. 목사는 그들 앞에서 사군으로서 인격적 모범도 보여야 하고 함장으로서 훌륭한 가르침도 펴서 명실공히 "선생"이 되어야 한다. 어려운 일이다. 그래서 야고보는, "선생이 많이 되지 말라"고 한 것 같다(3:1). 그러나 이미 선생이 되어버린 목회자에게 주어진 과제는 좋은 선생이 되는 것. 단 하나, 좋은 함장이 되기 전에 좋은 사군이 되는 것이 순서임을 명심하시라.

도한호 박사의 牧會書信

종교간의 대화

1998년 영국 작가 살만 루슈디가 마호메트와 이슬람 문화를 비하한 소설「악마의 시」를 출판한 일로 이란의 최고 지도자 호메이니가 전 세계 무슬림들에게 루슈디 살해 명령을 내린 일이 있었고, 그로부터 10년이 지난 후 서유럽 여러 나라들이 이슬람의 예언자 마호메트가 시한폭탄이 장착된 터번을 쓰고 있는 만화를 신문에 게재한 일로 또 다시 갈등을 빚었다.

이슬람 지도자를 테러리스트로 풍자한 이 만화는 프랑스의 〈르몽드〉지를 비롯해서 스페인 이탈리아 덴마크 등의 국가들이 앞 다투어 신문에 게재하였다. 사우디아라비아의 내무장관 나예프가 이 만화를 무슬림에 대한 모독이라고 항의했으나, 영국의 〈가디언〉지를 제외한 서유럽의 여러 신문들은 입을 모아 표현의 자유를 외치면서 나예프의 항변을 묵살했다. 이에 분노한 인도네시아의 이슬람주의자들은 이 만화

종교간의 대화

를 제일 먼저 신문에 게재한 덴마크를 응징한다는 명목으로 자카르타 소재 덴마크 대사관에 불을 지르고 서유럽 국가들의 상품 불매운동을 펴기에 이르렀다.

오늘의 세계는 이슬람권과 기독교 국가들 간의 전쟁을 연상케 할 만큼 살벌하다. 이스라엘과 팔레스티나의 불화, 미국의 이라크 침공, 빈 라덴과 미국과의 전쟁 아닌 전쟁이 그것이다.

우리는 테러는 전체 이슬람 세계가 지지하는 것이 아니라, 극소수 원리주의자들의 소행이라는 사실을 간과해서는 안 되며, 어떤 경우라도 두 세계 사이의 갈등과 보복이 차별 정책으로 인해 야기되는 것은 막아야 한다. 자유세계는 전체 이슬람 세계를 적대국으로 간주할 것이 아니라, 공존 공생해야 할 동반자로 간주하고 협력의 길을 찾아야 한다. 기독교의 입장에서는 한 걸음 더 나아가, 이슬람 세계 역시 선교의 대상인데, 그들을 증오하면서 사랑의 복음을 전할 수는 없을 것이다.

종교 지도자들은 종교란 비종교인에게는 구원이나 제도 중생과는 차원이 다른 하나의 문화라는 사실을 인정하고, 바로 이 차원에서 환경문제와 자연 재해에 대한 대처, 인권, 구제, 대량살상무기 억제 등등의 문제를 협력하며 풀어 나가야 한다는 사실을 간과해서는 안 된다. 기독교 지도자들은 공인

종교간의 대화

으로서 국내외를 막론하고 다른 문화나 종교를 조롱하거나 비하하는 발언을 해서는 안 된다. 그것은 표현의 자유에 관한 문제가 아니라 그 자체로서 이미 성숙되지 못한 행위이기 때문이다.

수녀들이 선방(禪房)을 찾아서 선(禪)과 수행(修行)을 체험하는 것은 하나의 문화 교류이지 신앙을 포기하거나 양보하는 것이 아니며, 대통령이 사찰이나 교회를 방문해서 축사를 하는 것 역시 하나의 종교적 행사에 참여하는 것으로 보아야지 예배로 보아서는 안 될 것이다.

종교의 특장과 종교가 가진 고유한 진리는 그 다음 단계의 문제일 것이다.

손님 대접 - 나그네와 주인

우리가 자주 사용하는 말 가운데 "주객(主客)이 전도(顚倒)되었다"는 표현이 있다. 이 말은 과객(過客)이 주제넘게 주인행세를 하려든다거나 주인이 자신이 주인이란 사실을 잊고 과객처럼 행동한다는 의미일 것이다.

필자는 목사와 교회 관계도 손님과 주인 관계와 다를 바 없다고 생각한다. 신자는 주인이고 목사는 과객이다. 그것은 신자는 맡은 직책을 떠나도 신자로서 남을 수 있지만 목사는 직책을 그만두면 그 교회를 떠나야 하기 때문이다. 또한 대통령과 대학의 총장도 과객이다. 대통령이 직책을 떠나면서 부통령이나 장관이 되어 내각에 남는 것이 아니며 대학의 총장도 직책을 떠나면 대학을 떠나거나 대학행정에서 손을 떼므로 그 직책이 과객(過客)과 같다는 의미이다.

손님 대접

  예로부터 우리나라는 사랑채에 머무는 과객을 극진히 대접했고 과객은 예를 다해 주인과 그 가문의 법도를 존중했다. 주인은 손님에게 자신들이 먹는 것과 같은 음식을 공궤하고 똑같이 군불을 떼어주며 차별대우를 하지 않았다. 그러나 때로는 주인과 과객 간에 갈등도 있었다. 몇 달째 사랑채에 머무는 과객이 떠날 생각을 하지 않는데 마침 궂은비가 내리는 날 주인이 사랑채에 찾아가서 손님이 들으라고 큰 소리로, "오늘은 가랑비(가라고)가 내리십니다 그려" 하면, 능청맞은 나그네는, "이슬비(있으라고) 내리는데 그러십니까" 한다는 유머가 있다.

  과객이 한동안 신세진 집을 떠날 때 주인은, "지체 높으신 선비께서 미천한 저희 집을 찾아 주시고 미련한 저희 가돈(家豚, 자기 자식을 낮추어 이렇게 표현했다)에게 좋은 가르침을 주셔서 감사합니다" 하고 인사하며 과객은 "그동안 이 미천한 것을 거두어주신 은혜 백골난망입니다. 댁의 자녀들은 성품이 착하고 총명해서 자라서 큰 인물이 될 것입니다. 매일 같이 얼굴을 대할 수 있었던 것만도 광영입니다" 하고 인사한다. 서로를 명예롭게 하는 인사말이다.

손님 대접

교회의 도리

교회도 목사를 이와 같이 대해야 한다. 중심 제직들은 유복한 생활을 하면서 목사는 가난하게 살아야 한다는 생각은 잘못이다. 교회는 재정 상태에 따라 목사에게 심방과 업무에 필요한 차량과 자녀 교육비, 보험과 휴가비 및 안식년 등 우리 사회가 직장인에게 제공하는 혜택을 제공하고 목사의 건강을 보살펴야 한다. 또한 목사가 떠날 때는 후한 노자(勞資)를 제공해야 한다. 자고로 세상에 어리석은 일 한 가지는 사랑채에 머무는 과객의 노자를 빼앗는 일이다. 공통적 경험은 나그네에게 선을 베풀면 배로 돌아올 것이라는 옛말 속에 있다. 물론 목사도 이에 상응하는 성실성과 신뢰를 보여야 할 것이다.

말(言語)

어떤 사람이 목회자를 면담하고 싶다면서 목양실을 찾아왔다. 방문자는 생면부지(生面不知)의 인물이지만 그와 잠시 동안만 대화를 주고받으면 목사는 물어보지 않고서도 그의 성품, 교육, 직업, 가족관계, 신앙 여부 등을 대개 파악한다. 그것은 말이 사람의 내면세계와 의도를 단시간에 적나라하게 나타내기 때문이다(제48서신 참조).

말과 몸가짐에 대한 기본적 준비와 자세는 대개 가정교육을 통해서 형성되지만 후천적 깨달음과 노력으로 극복할 수 있으므로 지도자들에게는 꾸준한 개선 노력이 필요하다. 목회자로서 "언어생활"을 개선하기 위해서는 책을 읽는 것 외에 다음 몇 가지를 유의하는 것이 좋을 것이다.

첫째로, 장황한 설명을 삼가한다.

대상을 가리지 않고 만나는 사람들에게 끊임없이 말을 하

말

면서 상대방에게는 응대할 기회조차를 주지 않는 사람이 간혹 있다. 그가 말하는 건강비법은 상식에 불과하며 자식 자랑은 다자란 자식을 교통사고로 잃은 친구가 있는 자리에서는 금기사항이며, 그의 무용담은 기사가 공주를 구하기 위해 혼자 동굴에 들어가서 용을 잡은 베올프의 전설과 같은 것. 그가 누구이든 그는 매일 친구를 잃으며 사는 사람이다. 사람들은 불가피한 경우를 제외하고는 그를 기피할 것이다. 이미 언급한 바, 말이 장황하면 노년이 외로워진다(제12서신 참조).

둘째로, 사람을 지칭하는 말과 동물을 가리키는 말이 다르다.
근래 매스컴에서 애완동물에 관한 르포(Report)를 방영하면서 방송국 관계자들조차 사람에게 사용해야 말과 동물에게 사용해야 할 말을 구별하지 못하는 것을 보았다. 개가 임신을 했다, 식사를 제공한다, 결혼을 시킨다, 부부관계가 나쁘다, 엄마 새, 아빠 새 등등이 잘못된 말이다. 이런 말은 다음과 같이 고쳐 써야 한다: 임신하다 ⋯▸ 새끼 베다, 식사 ⋯▸ 먹이, 결혼 ⋯▸ 교배, 부부 ⋯▸ 쌍, 아빠 새와 엄마 새 ⋯▸ 수컷 새와 암컷(어미) 새라고 해야 한다.

셋째로, 시정(市井) 말을 피해야 한다.
가끔은 매스컴의 여성 앵커들이 시정 상인들이 흥정을 하거나 다툴 때 사용하는 직접화법 투의 거친 말을 사용한다. 한 여성 아나운서가 "피해가 더 클 것이다, 이것입니다" 또는 "절대 안 된다, 이것입니다" 하고 말한다. 이런 표현을 "시정 말"이라고 하는 것은, "참빗 한 개 천원, 옥가락지 한 짝 2천원, 코티분 만원, 합이 만 삼천 원인데, 만 삼천 원을 다 받느냐, 반으로 뚝 잘라서…" 할 때 흔히 사용되는 직접화법식 말이라는 의미이다. 이런 말은 "피해가 크지 않을까 걱정입니다," "절대 안 될 일입니다"로 말해야 한다. 거친 말은 정돈되지 못한 마음에서 나오며 바른 말은 안정된 인격에서 나온다.

상담자로서의 목회자

필자는 상담에 대한 특별한 지식이나 훈련 없이 상담자가 되면서 크고 작은 시행착오를 적지 않게 범했다. 또한 근년에는 "상담"이란 말뿐 아니라 상담 자체가 오 남용(誤 濫用) 되는 예도 간혹 있어 젊은 목회자들이 필자가 범한 실수를 되풀이해서는 안 되겠다는 생각으로 경험에서 얻은 몇 가지 우려를 적는 바이다.

첫째로, "상담"이란 말의 사용 범위를 제한해야 한다.

필자가 관찰하기로는 개인적으로 목양실을 찾는 신자들이 별 생각 없이 방문 목적을 상담이라고 하는 경향이 있다. 추천서나 기도 요청도 상담, 보고도 상담, 감사도 상담, 행사 계획 의논도 상담이다. "상담"이란 말 대신 방문 목적을 말하도록 지도해야 한다.

상담자로서의 목회자

둘째로, 내담자를 신중하게 맞이해야 한다.

목회자는 혼자 방문하는 신자를 두려움으로 맞이해야 한다. 상담을 찾아오는 신자의 이야기를 듣고 몇 마디 조언을 해주는 정도로 쉽게 생각해서는 안 된다는 말이다. 자기 앞에 앉아 있는 사람이 목회에서 매우 중요한 인물이며 동시에 가장 조심(신중)해야 할 사람이라고 생각해야 한다.

셋째로, 상담의 내용과 방향을 조정하면서 상담에 응해야 한다.

특히, 협동목사나 부 사역자는 담임목사가 상담을 허락한 경우라도 상담 내용과 범위를 제한할 줄 알아야 한다. 내담자가 하는 이야기를 절제 없이 다 듣게 되면 상담자는 자신도 모르게 내담자의 가족문제, 경제생활, 애정 문제 등에 깊이 개입하게 되어 내담자와의 관계가 자연스럽지 못하게 될 수 있다. 상담자는 이야기 도중에도 내용에 따라 다른 상담자를 추천할 줄 아는 지혜를 가져야 한다. 절제 없는 상담은 후일 실망과 원망을 초래할 가능성이 많고 내담자를 떠나게 하는 경우도 없지 않다. 목회자의 전문분야는 신앙상담이란 점 명심해야 한다.

상담자로서의 목회자

넷째로, 상담 내용은 그 누구에게도, 언제까지도 발설하지 말아야 한다.

상담 후 내담자의 태도는 말하지 않아야 할 것을 말 해버렸다는 후회와 상담 내용이 알려질 것에 대한 두려움으로 귀결되기 쉽다. 내담자는 상담자를 자신의 은밀한 과거를 다 알아버린 사람이라고 생각하고 기피하거나, 또는 자신의 입으로 상담 내용을 말해놓고도 상담자(목회자)가 누설했다고 착각하고 원망하는 경우도 없지 않다. 신상에 관한 상담 내용은 무덤까지 가지고 가야 한다.

다섯째로, 상담자는 멘토로서의 자신의 역할을 착각해서는 안 된다.

멘토는 내담자가 가져오는 인생의 중요 문제를, "이렇게 하시오," "저리 가시오" 하며 결정하거나 방향을 정해주는 사람이 아니라, 내담자가 스스로 자신의 문제를 결정하도록 격려하고 도와주는 사람이란 점을 명심해야 한다. 멘토를 마치 절대자처럼 생각하며 복종하는 사람도 있고, 마치 맡은 (지도하는) 사람의 인생의 열쇠를 쥐고 있는 듯 가족 위에 군림해서 매사를 지시하는 멘토도 가끔 보았다. 큰 잘못이다. 인생이란 배의 노(櫓)는 하나밖에 없어서 그것을 저을 사람은 오직 자기 자신 밖에 없다.

불필요한 상황설정

상황은 있는 그대로의 형편과 모양을 지적하는 말인데, 근래에는 실체가 없는 상태를 상황이라고 말하는 경우가 종종 있다. 어떤 방송국에서 태풍 피해를 예고하는 아나운서가, "또 다시 피해를 입지 않을까 우려되고 있는 상황입니다 (2006. 9. 16. KBS 뉴스)"라고 말했다. 이 보도는 아직 일어나지 않은 일을 "상황"이라고 했고, 또 그것을 현재 진행형으로 표현하기까지 했다. 상황이 어떠냐고 물으면 상황이란 말을 할 필요없이 그 상황을 설명해야 하는 것이다.

불필요한 상황설정

다음은 운동 경기 해설 중에 "상황"이 잘못 사용된 예문이다

① 호지스 선수 열심히 지켜보고 있는 상황입니다.
② 박한이 선수 찬스를 잡고 있는 상황입니다.
③ 어려운 상황이네요. 하지만 계속 선두 타자가 출루하고 있는 상황입니다(2004. 7. 8. ch45 야구).
④ 상대의 공격을 전혀 허용하지 않는 상황 속에서 골을 잃었습니다.
⑤ 상대방을 도와주는 상황이었습니다
 (2004. 9. 10. SBS 스포츠, 삼성 LG경기 중계방송)

위의 예문에서 "상황"을 생략하고 문장을 다시 써 본다 (같은 번호 사용)

① 호지스 선수, [투수를]노려보고 있습니다.
② 박한이 선수 기회를 잡았습니다.
③ 어렵게 되었습니다…. 그러나 선두 타자가 계속 출루하고 있습니다.
④ 상대의 공격을 허용하지 않다가 골을 허용하고 말았습니다.
⑤ 상대팀을 도와주는 꼴이 되었습니다.

"상황"을 생략해 버리니 문장이 분명해졌다. 맞지 않는 상황설정은 말뿐 아니라 사람의 생각까지 불투명하게 만든다. 우리말은 원래 수동태가 적고 사실과 의도를 직설적으로 솔직하게 표현하는 언어인데 언제인가부터 시정(市井) 말투의 직접화법과(제58서신 참조) "되게 된다면 가 볼 수도 있지 않을

불필요한 상황설정

까 생각되기도 합니다" 등의 소극적인 수동태가 많이 들어왔다. 한다면, 간다면, 생각합니다 하고 직접적 주관적으로 말해야지, 하게 된다면, 가게 된다면 하고 자신 없는 소극적 표현을 사용해서는 안 된다.

말이 소극적이면 생각과 행동마저 소극적으로 변하게 마련이다. 교회에서조차 심방을 못하는 상황, 조심하는 상황, 기온이 높은 상황, 선교사를 많이 파송하지 않고 있는 상황, 혼자 실족한 상황 등등 불필요한 "상황"이 많이 사용된다. 목회자는 우회적이고 소극적인 말 대신 직접적이고 적극적인 말을 사용해야 한다.

제61서신

도한호 박사의 牧會書信

예배와 찬양

이 연재를 통해 예배와 찬양에 대해 여러 번에 걸쳐 부분적으로 언급하였거니와 주일 대(낮) 예배를 중심으로 다시 정리해 보고자 한다. 예배에는 정규 예배 외에도 의식예배, 전도 집회 및 목적을 가진 특수예배가 있으므로 예배마다 순서와 내용이 다르게 마련일 것이다. 그러나 "예배"라는 이름이 붙여진 이상 대상이 하나님이라는 사실만은 변함이 없어야 할 것이다.

1. 예배의 동기

예배는 하나님을 경외(敬畏)하는 마음에서 나오는 것이므로 하나님에 대한 두려움과 공경지심이 기본이라 하겠다. 그런데 근래 여러 교회의 예배에서 하나님을 경외하는 모습이

예배와 찬양

점점 사라지고 대신 예배자 중심으로 기뻐하며 찬양하는 경향으로 기울어지고 있다. 즐거운 찬양이 예배의 중요한 요소이지만 그것이 경건성보다 더 강조되어서는 안 될 것이다. 예배는 하나님께 드리는 것이므로 주일 예배 같은 예배목적 예배에서는 "용서하세," "영광 돌리세" 하는 권고형의 가사를 피하고, "합니다," "용서 하소서," "영광 받으소서" 하는 등 하나님께 대한 직접적 소원 형의 가사를 선택하는 것이 바람직할 것이다.

2. 회중 찬양 인도

많은 교회들이 예배가 시작되기 전에 신자나 찬양대원들이 강대상 앞에 나와서 찬양을 인도한다. 그런데 이들 찬양인도자들이 그 분야에 대한 교육을 받은 이들이거나 또는 그 교회 예배에 잘 정착된 이들이면 괜찮겠지만 대개는 별로 준비 없는 젊은이들이 많은 것 같다.

이와 같은 찬양이 예배의 권위와 경건성에 도움이 되는지 저해 요인이 되는지 깊이 생각해 보아야 한다. 아무나(목회자와 찬양인도자 외에) 앞에 나가서 찬양과 통성기도를 인도하게 하고 찬송가 외의 성가 사용을 무제한 허용하다보면

예배와 찬양

목회자가 의식하지 못하는 사이에 예배가 경건성을 잃고 가벼워질 수 있다는 점을 염려하기 바란다.

큰 음악소리와 집단적 찬양인도는 경건하고 정제된 예배를 원하는 이들에게는 교회를 떠날 구실을 줄 수도 있으며 입교를 망설이는 이들에게는 교회에 대한 두려움을 줄 수도 있다는 점을 고려하기 바란다.

3. 찬양교실을 통한 간접선교

우리 시대는 음악과 찬양이 일반화되어서 청소년들과 학생은 물론 주부와 사회인들까지도 음악에 매료되어 살고 있다. 교회는 음악애호가들이 자연스럽게 참여할 수 있는 찬양교실, 주부 음악 교실 등의 찬양 프로그램을 별도로 개발해서 간접선교의 방법으로 사용하는 것이 바람직할 것이다. 이를 위해 주일 저녁 찬양예배를 특성화한다거나 주 중에 특별 음악예배를 계획하는 것도 생각해 볼 일이다.

기부금

 문화가 발달함에 따라 다른 사람, 다른 단체 또는 다른 나라를 돕는 연대(連帶)가 형성되어간다. 교회는 이와 같은 사회적 운동에 앞서 이미 신약성서시대부터 복음전도와 구제를 일상화하였다. 예수님의 행적에서 구제와 병 고침이 복음전도의 일부분이었다는 점은 모두가 알고 있는 사실이다.

 오늘날에는 구제와 기부(寄附) 또는 기증(寄贈)이 우리 사회의 절실한 필요 요인이 되었으므로 이제는 주는 사람(또는 단체나 기관)과 받는 사람(또는 단체나 기관)에 대한 새로운 인식이 필요하다고 생각된다.

기부금을 필요로 하는 기관과 단체

 이런 단체로는 적십자사, 양로원과 고아원 등의 구호(救

護) 대상 단체, 환경과 인권단체, 병원과 사회 부 적응자를 위한 시설, 교육 기관과 선교 단체 등등 공공의 이익을 위한 단체와 기관을 들 수 있을 것이다. 이와 같은 단체와 기관에는 성금이나 기부금을 요청해서는 안 된다.

기부금 요청을 삼가야 할 기관과 단체

교단 내 기관으로 신학대학은 인재 양육과 선교, 침례병원은 의료 봉사와 선교, 교회진흥원은 문서 선교, 군 선교, 교역자 복지, 여선교회 등, 모든 기관이 후원금을 받아야 제 기능을 할 수 있는 교육과 치료와 구제 및 선교 기관인데 최근까지도 기관에 성금을 요청하는 단체들이 적지 않다.

신학대학은 학생들의 등록금과 교육과학기술부로부터의 소액 지원과 소수의 신실하고 희생적인 동문 목회자들의 후원금을 쪼개어 쓰면서 인재를 양육하는 기관인데, 연합 체육대회, 선교여행, 교단 행사, 때로는 동창회까지 기부금을 요청하니 주객이 전도된 셈이다.

지역 행사는 작고 크고 간에 세워진 예산의 범위 안에서 해야 하며, 정 부족하면 교회들이 성금을 갹출해서 추진해야지 후원해야 할 기관에 손을 내밀어서는 안 되는 것이다. 교단은 교단 내의 기관들이 수익사업 단체도 영리사업 단체도 아니라는 점을 유념하고 후원과 자원봉사로 지원해야 제 구실을 하는 교단이 될 수 있음을 알아야 한다.

절실한 자립정신

교회 내 학생회나 청년부 행사도 예산의 범위 안에서 조촐하게 하도록 지도해야지 교회 인근 상가나 거래처에 가서 모금을 허용하는 것은 여러 면에서 좋지 못하다. 그것은 민폐를 끼치는 것은 물론, 남의 도움으로 일하는 습관을 길들일 우려가 있고, 자칫하면 우리 사회의 부조리를 용납하는 결과를 초래할 수도 있다.

우리는 더 이상 남의 도움을 구하는 신자, 국민, 나라가 아니라 돕는 신자, 국민, 나라라는 사명감과 자부심을 가져야 한다. 온 세계 교회와 나라들이 우리의 도움을 기다리고 있는 시점에서 도움 받아 일할 생각은 일찍이 버려야 한다.

제63서신

다른 목회

목회자는 각각 받은 은사대로 다양한 방법으로 양떼를 치고 복음을 선포하는 직분이므로 서로서로 '다른 목회'를 인정하고 존중하는 태도를 가져야 한다.

다양성을 인정하는 목회

목회자에 따라 어떤 교회는 선교에, 어떤 교회는 구제와 사회사업에, 어떤 교회는 말씀 사역에, 그리고 어떤 교회는 인권과 환경 등 사회 문제를 강조한다. 무엇을 강조하든 복음과 선교가 목회의 바탕이 되어 있다면 방법이나 강조점을 가지고 목회자를 정죄하거나 비판해서는 안 될 것이다.

구제를 강조하는 교회가 선교에 집중하는 교회를 사랑이 없는 교회라고 비난하거나 심방과 상담 중심의 사역을 하는

다른 목회

목회자가 말씀 중심의 사역을 하는 목회자를 게으른 목사라고 비난해서는 안 된다는 말이다. 직접적으로 구제사업에 참여하지 않는 교회라 할지라도 다른 선한 사역에 재원을 사용하고 있으며 해외선교를 지원하지 않는 것처럼 보이는 교회 역시 자체적 선교방식을 가지고 있다고 생각해야 한다.

말씀을 선포하는 방식도 이와 같은 시각으로 보아야 할 것이다. 어떤 목사는 사자후(獅子吼)를 토하고 어떤 목사는 세미한 음성으로 호소하고, 어떤 목사는 본문 중심의 강해설교를 하고 어떤 목사는 전통적인 '메시지 추출식(抽出式) 설교'를 한다. 설교의 내용과 형식이 큰 틀에서 성경의 가르침에서 벗어나지 않는다면 다양성의 차원에서 다른 설교를 인정하고 존중해야 할 것이다.

틀린 것과 다른 것

앞자리가 비어 있는데도 좌석이 없다면서 1층 예배당을 나와서 2층으로 올라가는 신자가 있다. 그는 앞자리를 보지 않고 언제나 뒷자리만 보기 때문이다. 오랫동안 검토하고 회자(膾炙)해서 온 교회가 다 알고 있는 안건을 회의에 붙이면 공연히 이것저것을 질의하고 이의를 제기해서 시간을 끌고

다른 목회

때로는 안건을 무산시키는 제직이 있다. 그것은 무슨 일이나 반대로부터 시작하는 그의 부정적 인간성 때문이다.

목회자들 가운데서도 자기 생각과 다른 것은 모두 틀린 것으로 단정하는 이가 있는가 하면, 대안(代案)도 없이 현재의 방법이나 제시된 안(案)을 거부하고, 개인적으로나 말씀을 선포할 때 "아닙니다"를 연발하는 이들이 간혹 있다. 오직 '나의 목회'만이 옳다고 생각하는 목회자는 장기적으로는 자신과 똑같은 배타적 신자를 양육하기 때문에 한 교회에서 오랫동안 좋은 목회를 하기는 어려울 것이다.

'다른 목회'를 정죄하거나 비하해서는 안 되는 것은 그것이 '틀린 것'이 아니라 '다른 것'이기 때문이다. '나의 목회'가 최선이라는 확신이 설 때는 '다른 목회'를 차선의 길쯤으로 인정하고 수용하는 겸손한 자세를 가져야 한다. 겸손은 목회 제1의 덕목(德目)이므로.

제64서신

도한호 박사의 牧會書信

인터뷰(1)

우리 시대에는 신문 방송 등 매스컴의 수가 폭발적으로 증가하고 생활이 개방되어서 과거에는 연예인이나 스포츠맨 또는 정치인들의 전용물처럼 인식되던 인터뷰가 일반화되었다. 출근길에 갑자기 마이크를 든 방송인이 나타나서 우리 사회에서 회자되고 있는 사회문제에 대한 우리의 개인적 견해를 물어올지도 모른다. 필자는 매스컴을 통해 인터뷰 장면을 보면서 인터뷰에 대한 자각과 교육의 필요성을 절실히 느껴왔다. 아래의 예를 함께 생각해 보기 바란다:

예1 일본에 진출한 한 야구 선수와 스포츠 기자와의 인터뷰

질문1: "오늘의 활약을 축하합니다. 일본에서의 계획은?"
    답: "감사합니다. 내가 가진 것을 다 보여주고 싶습니다."
질문2: "앞으로의 계획은?"

인터뷰(1)

    일본인들이 박수는 치지만 이런 대답은 동료 선수나 그 나라 팬들에게는 교만한 태도로 비쳐져서 많은 팬을 잃게 된다. 무엇을 보여주며, 자신이 어떻게 팀을 우승하게 만든다는 말인가? 선수는 자세를 낮추어서, "코치[님]의 지시대로 했을 뿐입니다. 일본 야구를 많이 배우고 싶습니다. 우리 팀의 우승에 작으나마 기여하고 싶습니다" 하고 대답해야 했다.

예2 약관의 나이에 세계를 제패한 한 여자 선수와의 인터뷰

질문1: "콴(전설적인 전 챔피언) 선수와 자신의 연기를
비교한다면?"
답: "연기 분야가 다르기 때문에 비교는 어려울 것 같아요."
질문2: "은퇴 이야기도 나왔는데, 앞으로의 계획은?"
답: "목표를 달성했기 때문에 은퇴 문제를 포함해서 더 생각해 보겠습니다."

    앞선 질문에는 "콴 선수는 나의 우상이자 목표인데 어떻게 저와 비교할 수 있겠습니다. 저는 아직 초보 단계에…" 해야 하고, 두 번째 질문에는 "국가가 필요로 할 때까지 열심히 하겠습니다" 하고 대답해야 하는 것이다.

    이들은 훌륭한 인격의 소유자들이며 기량과 모범적인 삶을 통해서 국가의 명예를 세계에 떨치고 있는 자랑스러운 우

인터뷰(1)

리의 아들딸들인데 단지 인터뷰에 대한 지식과 교육이 부족했을 뿐이다. 지도자의 잘못이다. 이들 외에도 많은 한국인들이 자기 분야에서는 세계 최고를 하고서도 인터뷰에 실패해서 오히려 지지자와 팬들에게 실망을 안겨주는 경우가 허다하다.

외국 연예인들과 체육인들이 모든 공(功)을 동료에게 돌리는 것과 특히 〈맨유〉 소속 선수들이 경쟁 상대이기도한 박지성에게 칭찬을 아끼지 않는 것을 보고 배워야 하며, 자신을 낮추고 동료를 높이는 것이 곧 교양이며 자신이 높아지는 방법이란 사실을 알아야 한다.

경기에서 잃은 점수를 인터뷰에서 만회할 수도 있고 반대로 좋은 경기를 하고서도 인터뷰에서 빈손으로 돌아설 수도 있다. 더욱 자세를 낮추어야 한다. 인생도 목회도 경기와 다름없을 것이다. 목회자의 삶은 잠자는 시간 외에는 모두 인터뷰라고 생각해야 한다. 더구나 우리 앞에는 면류관 벗어서 그 발 앞에 내려놓아야 할 장엄한 인터뷰가 기다리고 있지 않은가.

도한호 박사의 敎會書信

인터뷰(2)

자연인이 사람을 만나서 인사하고 대화를 나누는 것은 일상생활의 일부이지만 목회자와 정치인, 또는 이름이 알려진 유명 인사는 공인(公人)이기 때문에 모든 만남과 대화가 "개인적"이라는 범주를 뛰어 넘어 언제인가 공개될 "인터뷰"와 같다고 생각해야 한다.

공적 대화를 인터뷰라고 할 때 예수님의 생애의 하루하루는 연속적인 인터뷰로 이어졌다고 볼 수 있을 것 같다. 아래 몇 가지 예를 찾아보았다.

1) 한 번은 바리새인 중의 한 율법사가 예수님을 시험하기 위해 여러 사람 앞에서 [마이크를 들고] 예수님께 나아가 "선생님 율법 중에서 어느 계명이 크니이까?" 라고 물었다. 이 질문에 대하여 예수께서는 "네 마음을 다하고 목숨을 다하고 뜻을 다하여 주 너의 하나님을 사랑하라 하셨으니 이것이 크

인터뷰(2)

고 첫째 되는 계명이요…" 라고 답하셨다(마 22:35이하).

예수께서는 질문을 받기만 하신 것이 아니라 반격도 하셨으니, 곧 '큰 계명' 질문에 답하신 후에, "너희는 그리스도에 대하여 어떻게 생각하느냐 [그가 누구의 자손이냐] 하고 반문하시고, '다윗의 자손'이라는 그들의 답변을 들으신 후에, "다윗이 그리스도를 주라[고] 칭하였은즉 어찌 [그리스도가] 그의 자손이 되겠느냐"는 반격으로 인터뷰를 끝내시면서, 예수 그리스도는 인간 다윗과는 다른 하나님의 아들이심을 선포하셨다(41절 이하).

2) 서기관과 대제사장들이 공중 앞에서 예수께 나아가 "우리가 가이사에게 세[稅]를 바치는 것이 옳으니이까 옳지 않으니이까?"라고 질문했을 때 예수께서는 "간계를 아시고" "가이사의 것은 가이사에게 하나님의 것은 하나님에게"라는 명구를 던져 주셨다(눅 20:22이하).

3) 예수께서 부활하신 후 신자들이 한 자리에 모였을 때, 그들 중 하나가, "주께서 이스라엘 나라를 회복하심이 이 때니이까" 하고 묻자, 예수께서는 "때와 시기는 아버지께서 자기의 권한에 두셨으니 너희가 알 바 아니요 오직 성령이 너희에게 임하시면 너희가 권능을 받고 예루살렘과 온 유대와

인터뷰(2)

사마리아와 땅 끝까지 이르러 내 증인이 되리라"는 분부를 내리셨다(행 1:6이하). 이것으로서 지상에서의 모든 인터뷰는 끝나고 예수께서는 하나님 나라로 돌아가셨다.

예수께서 대담, 가르침 또는 인터뷰를 통해서 나타내시고자 한 것은 자신의 업적이 아니라 신분 선포와 복음이었다. 바울은 때로는 자신이 복음을 들고 다니며 당한 고난을 기술하기도 했지만(고전 4:9-13외), 예수께서는 자신의 고난과 경력을 내세운 일이 없으셨다. 목회자가 예수님처럼 살거나 그와 같은 권위로 가르칠 수는 없겠지만 그의 삶과 가르침을 전진과 반성의 목표와 거울로 삼아야 할 것이다.

저기 한 신자가 온다.

목사는 마음으로 인터뷰를 준비해야 한다.

제66서신

명함(名銜)

명함은 반 뼘도 안 되는 작은 지면에 자신의 신분을 소개하는 글 몇 줄을 새긴 종이쪽지에 불과하지만 그것을 받는 사람에게는 거기에 기록된 것을 넘어, 준 사람의 사람됨까지 짐작하게 한다. 어떤 명함에는 아무 정보도 기록하지 않고 이름만 커다랗게 인쇄해 놓았는가 하면, 어떤 명함에는 공간이 부족할 정도로 자신의 경력을 소상하게 올려 놓았다. 이름만 적은 명함은 교만하게 보일 수 있고 많은 내용을 담은 명함은 자기를 과시하는 것으로 보일 수 있을 것이다.

명함의 용도

명함은 자기를 소개하거나 연락처를 교환하는 수단이므로 이름과 직장과 직함, 연락처, 필요 시 최종 학위 정도만

명함

간략하게 쓰는 것으로 충분하다. 초면에 인사를 나누면서 받은 명함에 수많은 전 현직 직함과 여러 줄의 경력과 받은 상의 종류와 저술 이름이 빽빽하게 적힌 것을 보는 사람은 그를 어떤 분야의 전문가나 인격자로 생각하기보다는 자기를 과시하는 사람이라고 생각하게 될 것이다(제52서신 참조). 목회자가 이런 사람으로 보여서는 안 될 것이다.

받은 명함은 바로 넣지 말고 대화를 하는 동안 들고 있거나 탁자 위에 놓아두는 것이 좋다. 또한 명함과 "강사(작자) 소개"는 기념문집의 연보(年譜)나 장례식 순서 등에 기록하는 고인의 업적과는 성격이 다르다는 것을 유념해야 한다.

자기소개

사람은 젊어서는 경력을 쌓아가지만 때가 되면 쌓았던 경력을 털고 몸과 마음을 가볍게 해야 한다. 선인들은 자신의 몰시(歿時)를 예견하고 육신의 몸까지 가볍게 해서 빈소(殯所)를 청결하게 하고 상여꾼의 어깨를 가볍게 해주려고 했다. 그것은 성자의 길이요, 하고 일축해 버려서는 안 되는 것은 성자의 혈통이 따로 있는 것이 아니라, 가볍게 하면 성자의 반열에 들고 무겁게 하면 속인의 무리에 남게 되기 때문이다. 목사는 성자의 반열에 소명받은 신분이다.

생전에 자신의 학문과 희생과 괄목할만한 경력을 만년에 스스로 다 털어내 버리고 이름만 남긴 이들이 있다. 도산 선생, 손양원 목사, 한경직 목사, "법정스님," "김수환 추기경" 같은 이는 이름 이외의 소개말이 불필요해 보인다. 만약 안창호 선생이 "독립운동가, 미국유학, 미국방장관 면담, 신민회 서기, 섭외부장, 대표 역임, 장충단 공원과 만경대 등에서 180회 이상 계몽연설" 등이 적힌 명함을 들고 다녔다고 상상해보시라.

남이 내 자랑거리를 말하면 칭찬이 되려니와 내가 내 자랑을 써 들고 다니면 푼수가 된다. 젊을 때는 패기가 넘치고 자기를 알리고 싶은 의욕이 강해서 그럴 수 있다고 생각하기 쉬우나 젊을 때 붙은 혹은 늙어서도 떨어지지 않는다. 쌓을 때와 헐 때를 가리되 젊어서부터 되도록 가볍게 하라.

제67서신

추포가(秋浦歌)

우리에게 이태백이라고 알려진 이백(李白, 701 - 762))은 당나라 성당(盛唐) 시대에 활약했던 뛰어난 시인이다. 그는 한 때 현종 황제의 총애를 받으면서 궁중 시인으로 활동하기도 했으나 알 수 없는 이유로 궁중을 떠나 시를 쓰며 유랑생활로 한 생애를 보냈다.

추포는 이백이 귀양살이 하던 장소이며, 이 시는 17편의 추포가 중 한 편으로서 기승전결(起承轉結) 기법으로 쓰여진 오언절구(五言絶句) 시의 전형이다. 이런 형식의 4행시는 기함경미(起哈頸尾) 형식으로 쓰는 8행 율시(律詩)와 대조를 이룬다. 시를 감상해보자.

백발삼천장(白髮三千丈)
연수사개장(緣愁似箇長)
부지명경리(不知明鏡裏)

추포가

하처득추상(何處得秋霜)
[내] 흰 머리칼이 삼천장이나 길었구나
마음 속 근심 때문에 이렇게 되었으리
거울을 보지 않았다면 [내 어찌] 알았으랴
[그런데] 이 서리는 어디서 내렸단 말인가

첫째 행은 기(起)로서 시작을 의미한다. 시인이 유배생활을 하는 중 어느 날 우연히 거울을 보니 백발이 성성한 노인의 모습이 보였다. '삼천장'은 과장법이다.

둘째 행은 승(承)으로서 첫 행의 내용을 잇는다. 시인이 그렇게 된 이유를 생각해보니 마음 속 근심 때문이었다. '사개(似箇)'는 이유, 즉 여차(如此)를 의미한다.

셋째 행 전(轉)은 변화로서 갑자기 엄습하는 자신의 삶에 대한 회한(悔恨)을 표현했고,

넷째 행 결(結)은 끝맺음으로서 3행의 놀라움을 받아 탄식으로 시를 끝맺는다. '추상(秋霜)'은 흰 머리칼에 대한 은유적 표현이다.

나는 이 시를 안성으로 출퇴근하던 3년 동안 고속도로를 오가면서 가끔 읊었다. 비단 구약성경의 「시편」이 아니라도 시는 사람의 마음을 참되게 하며 성찰로 이끈다. 시인이 사

 추포가

랑받는 것은 그들이 진실을 노래하기 때문일 것이다.

덧붙여서, 우리가 지나간 백 년 동안 사용한 개역한글판 성경(1911년)은 한시(漢詩)와 같은 운율에 맞추어 번역되어서 시조를 읊듯 읽을 수 있는 성경이다: "태초에 하나님이, 천지를 창조 하시니라. 땅이 혼돈하고 공허하며, 흑암이 깊음 위에 있고, 하나님의 신은, 수면에 운행 하시니라…." 막히는 데가 없다.

총회와 산하기관

　기독교한국침례회(기침) 총회 산하에는 열한 개의 기관이 등록되어 있다. 총회는 이들 기관에 이사와 감사를 파송하고, 기관장과 정관을 인준하며, 이사 회의록과 기관 현황을 정기적으로 보고받고, 필요 시 조사를 시행하는 등 실재적 주인으로서의 권리와 의무를 행사한다.

　총회는 기관의 독립성과 교리적 행정적 건전성을 지지 감독해야 할 책임이 있고, 기관은 총회의 규약을 준수할 의무를 가진다. 총회 규약은 기관이 총회의 규약과 모순되는 규정을 만들지 못하도록 정해 놓았다. 그것은 기관이 총회가 지향하는 교리적 행정적 규범에서 벗어나지 않도록 하는 안전장치와 같은 것이다.

기관 이사

종단(宗團) 소속 사립대학과 일반 사립대학의 차이점은 일반 사립대학은 설립자 또는 실재적 소유주인 이사회가 자체적으로 이사를 선임하지만, 종교 단체가 세운 사립대학은 총회나 승단이 대학의 주인으로서 대학에 이사를 파송한다는 점이다.

이사회는 정관과 규정 또는 상위법이 정하는 일과 기관의 장이 제청하는 사안을 심의 의결한다. 일반적으로 운영은 기관의 영역이며 심의 의결은 이사회의 영역이다.

총회로부터 신임 이사(후보)를 추천받은 기관 이사회는 추천된 후보를 선임해야 할 의무가 있다. 그러나 만약 파송된 후보자에게서 결격사유가 발견되면 이사회는 사유를 첨부해서 다른 후보자를 파송해 줄 것을 총회에 요청할 수 있다. 이사회는 이와 같은 절차를 지체 없이 수행해서 의결 정족수 부족으로 기관의 행정에 지장을 초래하는 일이 없도록 해야 한다. 이사회에 주어진 가장 큰 과제는 기관을 보호 육성하는 것이라 하겠다.

총회와 산하기관

감사

 감사는 의결에는 참여하지 못하지만 모든 회의에 참석해서 발언할 권리가 있고, 감사(조사)를 주관하며, 이사회가 법과 규정에 따라 임무를 수행하는지 주시하고, 과오가 있을 시 이를 지적하고 총회에 보고할 권리와 의무를 가진다.

 이와 같은 이유로 감사는 총회에서 직접 선출해서 이사회에 파송하며 임원(이사)과는 임기를 달리하고 연임을 금한다. 총회가 파송한 감사를 이사회가 다시 선임을 의결하는 것은 법의 정신에 어긋난 절차라 하겠다. 우리 교단에서는 감사들이 주어진 권리를 제대로 행사하지 못하고 있는 것으로 보인다. 감사가 제 역할을 수행해 주어야 기관이 정상궤도를 달릴 수 있을 것이다.

 신학대학을 포함해서 우리 교단 기관들은 경륜을 가진 헌신적 이사들의 지원을 받으면서 오늘의 발전을 이루었다. 이와 같은 성장과 안정을 이어가기 위해서는 기관 이사를 파송하는 총회(장)가 대의적 시각으로 오직 기관의 발전에 유익이 될 인사를 찾아 추천해야 할 것이다.

로마교회의 성서관

종교의 형태를 갖춘 종교는 모두 경전에 기초를 두고 있다. 경전이 없는 종교는 주술사의 주관 아래서 주관적이고 즉흥적인 종교행위가 이루어지므로 예측할 수 없는 위험성을 안고 있다.

로마 가톨릭교회(로마교회)의 성경

로마교회에는 외경(外經) 일곱 권을 구약성경에 포함시켜서 구약성경 46권과 신약성경 27권을 합하여 73권의 성경을 하나님의 말씀으로 인정한다. 그런데 로마교회가 구약에 포함시킨 이 일곱 권의 외경은 39권의 구약 정경과는 달리 헬라어로 쓰인 책들이다. 이 말은 구약의 다른 성경책 즉 39권은 구약성서시대에 히브리어로 쓰인 것인 반면에, 외경은 대

로마교회의 성서관

부분 신약성서시대, 즉 헬라문명시대에 쓰였다는 말이다. 그래서 개신교에서는 외경은 성령의 감동을 받은 사람들이 하나님의 말씀을 받아서 기록한 책으로 인정하지 않는다.

로마 교회 신앙의 근거

바티칸공의회(1869-70)는 다음의 세 가지를 믿음의 대상으로 인정하였다 :
1) 기록된 것
2) 전승(傳承)
3) 교회(교황)의 단호한 판단, 즉 교황이 교도권(敎導權)으로 정하는 모든 것

바티칸 공의회가 성경이라고 하지 않고 "기록된 것"이라는 어휘를 사용한 것은 로마교회는 성경 외에 범세계적 공의회(Ecumenical Councils) 회의록과 교부들의 공통적 가르침과 기록물 등을 성경과 동등한 성문서로 간주하기 때문이다.

로마교회가 말하는 전승에는 구두로 전해오는 예수님과 사도들의 가르침뿐 아니라 넓게는 순교자 행전과 그림, 조각, 기념물과 비문까지 포함된다. 바티칸 공의회는 그에 앞

로마교회의 성서관

서 열린 트렌트 공의회(1546)가 [교회의 교리는] "기록된 책들과 기록되지 않은 전승들 속에 포함되어 있다"고 한 선언에 기초하고 있는 것으로 보인다.

교도권이란 교황이 신도들을 교육할 수 있는 권리를 의미한다. 로마교회는 "성서와 전승은 간접적 신앙 규범, 교회는 직접적 신앙규범"이라고 주장함으로써 성경보다 교회, 즉 교황이 정한 것을 더 중요한 믿음의 대상으로 생각하였다.

신교의 성서관이 성경(정경) 위에 근거를 두고 있는데 반해 구교의 성서관은 성경과 성경 밖의 특정한 기록물과 교황의 가르침에까지 범위를 넓혔다. 근년에 로마교회에도 많은 변화가 있는 것으로 보지만 신 구교 간에는 이와 같이 확연한 차이점이 상존하고 있다.

제70서신

우남 상탐 (*Unam Sanctam*)

교권투쟁

중세 유럽 역사는 교회와 국가 간의 치열한 세력 다툼의 현장이었다. 시대가 농경문화에서 도시 중심의 상공업 중심 사회로 변화하면서 장원(莊園)에 부(富)와 권력의 기반을 두고 있던 교회가 영향력을 잃어간 반면, 도시로 이동하는 부와 산업을 장악한 국가가 차츰 권력기반을 다지기 시작했다. 이 때를 전후해서 아는 바와 같이, 교회와 국가는 세 번에 걸쳐 사활을 건 권력 투쟁을 벌였다.

그 첫 번째 투쟁은 1077년에 일어난 로마교황 그레고리 7세와 신성로마제국의 황제 헨리 4세간의 투쟁이었다. "카노사의 굴욕"이라고 알려진 이 권력투쟁은 헨리 4세의 굴욕적인 패배로 끝났으며, 두 번째는 13세기 교황 이노센트 3세와 영국의 존 왕과의 투쟁이었다.

세 번째는 1303년에 로마 교황 보니파시오 8세와 프랑스 왕 필립 4세 간의 투쟁이었다. 이 투쟁을 촉발한 것은 교황 보니파시오 8세가 1302년에 발표한 교서(敎書) "우남상탐(*Unam Sanctam*)"이었다. 이 교서는 로마 교회가 교회의 네 가지 표지(標識), 즉 1) 유일하고(*unam*), 2) 거룩하며(*sanctam*), 3) 보편적인고, 4) 사도적인 교회에서 "유일하고, 거룩한"이라는 처음의 두 개념을 제목으로 하여 로마교회는 유일하고 거룩한 교회이므로 로마교회(교황)에 순종하지 않는 자는 누구나 구원받을 수 없다는 내용을 포함해서 교황의 절대적 권리를 선포한 것이었다.

내용 중에 "하나님으로부터 수임한 권세에 저항하는 자는 하나님의 명령에 저항하는 것이다(롬 13:2)…. 인류가 로마 교황청에 소속되어 있는 것은 구원을 위해 필연적임을 우리는 선포하고, 공포하고, 그리고 정의내리는 바이다"라는 내용이 포함되어 있다.

로마교회는 개 교회 또는 지역 교회의 개념은 인정하지 않고 하나의 통일된 교회만을 인정한다. 그래서 로마교회는 보편교회, 즉 가톨릭교회이며 또한 사도들의 전통을 이어받은 소위 사도적 교회이다. 그러므로 로마교회는 오류가 없는 그

우남 상탐

리스도의 신비체이며 완전한 공동체요 법에 의해 하나가 된 백성이라고 주장한다.

교황권의 쇠퇴

프랑스 왕 필립 4세는 교회의 개혁을 주장하고 감독들에게 교황 보니파시오 8세가 소집하는 종교회의 참석을 금하고 프랑스 교회에 대한 교황의 통치권을 거부하게 했다. 보니파시오는 필립 왕을 파문하면서 교황권을 강화하려 했으나, 필립 4세는 이에 굴복하지 않고 오히려 로마로 진격하여 보니파시오를 파직하고 교황청을 로마에서 프랑스 남쪽 도시 아비뇽으로 옮겨 버리기까지 했다. 결과적으로 "우남 상탐"은 로마교회의 영향력이 쇠퇴해가는 이정표를 놓는 데 불과했다.

- 국가는 백성을 위해, 교회는 신자를 위해 부름받은 기관이라는 만고의 진리를 잠시라도 잊어서는 안 되겠다. -

제71서신

종부성사(終傅聖事)

개신교회가 수행하는 의식은 대개 침례(세례)와 주의 만찬(성찬) 둘인데 반해, 가톨릭교회는 성세성사(영세), 견진성사, 고해성사, 종부성사, 혼인성사, 신품성사, 성체성사와 미사제사 등 일곱 가지 의식을 성례전으로 수행한다.

의식과 성례전

가톨릭교회의 의식은 개신교와는 달리 구원에 필요한 공적을 쌓는 수단이 되며 의식에 참여하는 사람의 믿음이나 그 의식에 대한 이해와는 상관없이 의식이 집행되는 것만으로 효력(은혜)이 발생한다는 사효성(事效性)에 근거한다. 이에 반해 개신교회의 의식은 의식에 참여하는 사람의 개인적 믿음을 중요시하는 인효성(人效性)이라 할 수 있을 것이다.

종부성사

종부성사와 구원

종부성사는 "믿음의 기도는 병든 자를 구원하리니"라는 야고보서 5장 15절 말씀에 근거하여 주교에 의해 축성(祝聖)된 기름을 환부나 머리에 바르고 기도하는 의식이다. 로마교회는 이 의식이 구원에 꼭 필요한 것은 아니라고 가르치지만 지역과 시대에 따라서는 구원의 조건으로 시행된 예가 많다. 이 성사에 "종부"라는 명칭을 붙인 것은 이 성사가 죽어가는 사람에게 주는 마지막 기도, 즉 최후의 구원의 기회로 인식되었기 때문일 것이다.

미국의 작가 그레이엄 그린의 소설 「권능과 영광」이 바로 이와 같은 사실을 말해준다. 1930년대 멕시코에는 친 공산주의 혁명 정권이 들어서서 기독교를 박해했다. 그런데 그 지역 어떤 신부가 몰래 신자들을 돌보고 미사를 집전하는 등의 종교행위를 한다는 제보가 있어서 혁명정부가 수배령을 내리자 그 지역 교회의 호세 신부는 신변에 위협을 느끼고 베라크루즈로 가는 배를 타고 피신하려 했다.

그러나 호세 신부가 막 배를 타려는 순간에 임종이 임박한 어머니를 위해 종부성사를 베풀어 줄 신부를 찾는 한 소년을 만나 승선을 포기하고 소년의 어머니를 찾아가 성사를 베풀

종부성사

다가 체포된 일이 있었으며, 그 후 혁명군과 싸우다가 부상을 입고 죽어가는 미국인 갱에게 종부성사를 베풀기 위해 위험지역에 들어갔다가 다시 체포되어 결국 처형당하고 만다.

「권능과 영광」은 한 편의 소설에 불과하며, 종부성사가 이 소설의 주제도 아니며, 또 작가의 가톨릭교회에 대한 이해가 로마교회와 문학 비평가들에게 비판을 받기도 했지만, 호세 신부가 두 번에 걸쳐 생사를 걸고 위험지역에 들어가서 성사를 집행한 것은 이 성사를 받지 못하면 구원을 받지 못한다는 당시의 가톨릭 신앙을 그대로 반영한 것으로 보인다.

"너희는 그 은혜에 의하여 믿음으로 말미암아 구원을 받았으니 이것은 너희에게서 난 것이 아니요 하나님의 선물이라." 바울의 이 선언은 "진리가 너희를 자유롭게 하리라"는 말씀의 뜻을 확실하게 되새겨준다.

제72서신

도한호 박사의 牧會書信

마르부르크 회담

마르부르크 회담(1529년 10월 2-4)은 종교 개혁의 두 거두 루터와 츠빙글리 간의 신학적 대화였다. 이 회담은 로마 가톨릭이라는 거대한 세력에 대항해서 일어난 개혁운동이 갈려서는 안 된다고 생각한 개혁 주체 세력들이 연합을 위해 마련한 최초의 회담이었다.

교회일치를 위한 노력

이와 같은 일치운동을 위해 노력한 주요 인물로는 루터와 츠빙글리 외에도 슈트라스부르크의 부쳐와 제네바의 칼빈과 베자 등이 있었다. 그들은 종교개혁 세력이 하나로 뭉치지 못한 원인이 예배와 교리적 문제에 있다고 판단하고 일치점을 찾아보려고 했다. 이 회담에는 후에 "슈바바흐 조항"

(Schwabach Articles)이라고 이름 붙여진 아래와 같은 열다섯 항목의 교리적 주제가 제안되었다: 하나님, 그리스도의 인성, 그리스도의 사역, 원죄, 구속, 신앙, 의인, 설교, 세례, 선행, 신앙고백, 시민정치, 전승, 유아세례, 성만찬.

그들은 이 주제 하나하나를 검토하면서 일치점을 확인하려 했으나 알다시피 맨 마지막 주제인 성만찬에서 츠빙글리는 상징설(또는 기념설)을 주장했고 루터는 성체공재설을 굽히지 않음으로서 서로 간의 차이를 좁히지 못하고 회담을 마쳐야 했다.

일치를 위한 노력은 1570년에는 "센도밀 합의"(Consensus of Sendomir)라고 이름 붙여진 회담에서 보헤미안 형제단까지 합세하여 재차 시도되었으나 이 때는 성만찬뿐 아니라 그리스도의 인성에 관해서도 해석의 차이를 좁히지 못하고 결렬되고 말았다.

제3의 신학

지난 2009년 성결대학교에서는 제3의 신학의 가능성이라는 주제를 가지고 포럼을 개최한 일이 있었다. 이 포럼에는 여러 교파 신학자와 목회자들이 발제와 토론에 참여해서 교

마르부르크 회담

파나 종교 단체가 가진 고유한 교리와 직제의 특징을 서로 존중하는 범위 안에서 함께하는 신학과 목회라는 이상을 추구했다.

이 포럼은 시간관계상 깊이 있는 발제와 토론을 할 수 없었다 해도 범위에 있어서는 구원론에서 예정론과 예지예정론, 성화와 완전설, 직제 문제 등이 제기되었고 발제자들은 한국의 주요 교파와 종교단체들이 성경 해석과 직제에 관한 차이를 극복하고 협동해야 한다는 데 뜻을 같이 했다. 이 포럼은 현대적 마르부르크 회담 같은 성격을 띠었다.

거대 [미국]남침례교회는 교파 간의 연합과 일치보다는 내부적 일치를 우선 과제로 삼아야 할 입장에 있으나, 한국침례교회는 성경과 찬송가를 포함한 문서선교, 북방선교, 군선교, 신학교육 등에서 진일보한 포용과 협동을 모색해야 할 때라고 생각한다.

제73서신

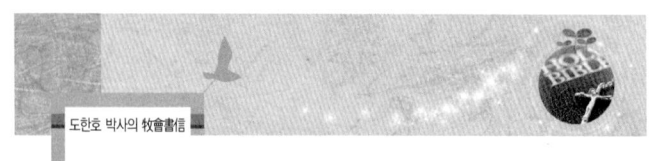

부사역자의 덕목(德目)과 금기(禁忌)

L군, 자네가 목사 안수를 받고 부사역자로 협력목회를 하게 된 것을 축하하면서, 다른 문화 속에서의 부사역자의 역할 하나를 소개하고자 하네.

십여 년 전에 미국을 방문했다가 내가 유학시절에 출석하던 멤피스의 벨뷰침례교회를 찾은 일이 있었네. 그 교회가 교외(郊外)에 새 교회당을 지어 이전한 것은 알고 있었으나 유학시절에 출석하던 옛 교회에 대한 향수에 이끌려서 옛 교회를 방문하였네.

그런데 교회 이름이 "벨뷰침례교회"에서 "미시시피 부르바드 선교침례교회"로 바뀌었고 신자들도 흑인들로 바뀌었고 예배드리는 모습도 과거와는 판이하게 달라져 있었네. 남녀노소 구분 없이 다양하게 구성된 찬양대는 반시간이 넘게 신자들과 어울려 춤을 추며 찬양했고 말씀이 선포되는 동안 신자들은 아멘과 할렐루야로 뜨겁게 화답하는 것을 보았네.

부사역자의 덕목(德目)과 금기(禁忌)

한 시간이 넘게 계속된 설교의 마지막 부분에서 담임목사는 설교 때마다 똑같이 반복하는 5분 정도 길이의 "클라이맥스 상용구"를 외쳤고 신자들은 그 순간을 기다리고 있다가 일어서서 박수를 치며 열광적으로 응답하였네. 설교의 클라이맥스는 마치 춘향전에서 어사가 출두하는 장면이나 심청전에서 심 봉사가 눈을 뜨는 장면과 같이 청중을 기다리게 하고 열광하게 하는 것 같았네.

이 때 사회자로 또는 보조자로 강단에 오른 부사역자의 역할은 설교를 하는 동안 목사의 음성이 가라앉거나 신자들의 반응이 시들할 때면 일어나서 설교자를 향해 박수를 치며 응원을 보내거나, 회중을 향해 두 팔을 높이 들고 할렐루야를 선창해서 신자들의 응답을 이끌어내는 것이었네. 나는 이와 같은 광경을 보면서 다른 의미에서의 부사역자의 역할을 생각하게 되었네.

한국 교회는 물론 우리 주변에서도 심심찮게 담임목사와 부사역자 간의 갈등을 보게 되는데 그들이 공통적으로 잘못 생각하는 것은 그러한 갈등을 옳고 그름의 잣대로 판단하려는 것이었네. 그러나 그것은 옳고 그름의 문제가 아니라 책임소재에 관한 문제이며, 이 경우 당연히 교회행정에 책임을 가진 담임목사의 권위와 역할이 존중되어야 하네. 자네는 행여 옳고 그름으로 따지거나 불평에 동조해서는 안 되네.

부사역자의 덕목(德目)과 금기(禁忌)

부사역자는 언제나 담임목사를 존중하고 협력하면서 언제인가 시작하게 될 자신의 목회를 꿈꾸며 "모든 것을 배운다"는 겸손한 자세를 가져야 하네. 나는 서울침례교회에서 나의 스승이신 담임목사님 아래서 만 13년 동안 집사로 또는 협동목사로서 목회와 삶을 배웠으나, 그 때 더 배우지 못하고 더 헌신하지 못한 것이 안타까울 뿐이네. 오늘날 성공한 목회자들은 예외 없이 부사역자 시절에 정직하고 성실하게 인내한 이들이라는 사실을 기억하게.

L군, 이 말을 명심하게. 부사역자의 *제 일의 덕목*은 연령과 경륜을 초월해서 담임목사에게 순종하고 협력하는 것이며, *제 일의 금기*는 담임목사와 다른 목소리를 내는 것이네.

부사역자의 신분보장과 처우(處遇)

　필자가 교회로부터 받는 가장 곤혹스러운 민원은 신학대학에서 잘못 가르친 일꾼을 교회로 배출한다는 것이다. 예언자의 아들이 망나니가 되고 촌부의 아들이 왕이 되기도 하는 것을 볼 때 사람은 배워서 터득하는 사람(學而知之)과 배우지 않고도 터득하는 사람(生而知之)과 또 가르쳐도 깨닫지 못하는 사람(學而否之)이 있음이 분명하다. 잘 가르친다고 해서 다 준비된 일꾼이 되는 것이 아니므로 졸업생을 내보낼 때는 조심스럽고, 추천사를 손에 쥐어 보낸 뒤에는 가슴을 졸인다. 생각해보면 「목회서신」도 결국은 젊은 사역자들에게 못다 한 가르침을 보충하기 위해 쓰는 것이다.

　그동안 부사역자의 도리에 대해 여러 번 이야기 하였거니와(제13서신, 제35서신, 제73서신 참조) 이번에는 그들에 대한 교회의 의무를 제시하는 바이다:

부사역자의 신분보장과 처우(處遇)

첫째로, 사람을 쓸 때는 할 일과 처우를 분명히 해야 한다. 필자는 목회자들로부터 부사역자 채용면담 중에 보수부터 따지는 전도사가 있다는 탄식을 종종 듣는다. 미안하고 잘못된 일이다. 그러나 교회는 젊은 전도사라고 할지라도 부양가족이 딸렸고 학비를 마련해야 하기 때문에 사역지를 찾으면서 대우와 보수를 확인하지 않을 수 없는 경우가 있다는 점을 이해해야 한다.

차제에 교회도 사람을 채용할 때는 할 일과 해서는 안 될 일을 명시한 복무규정과 사례비 또는 숙식과 교통비, 보험, 근무(고용) 기간 등을 명시한 문서(계약서)를 작성해서 사역자들이 정한 기간 동안 자신의 임무와 한계를 분명히 알고 일을 시작할 여건을 만들어 주어야 한다.

둘째로, 교회(담임목사)는 부사역자들에게 최소한 국가가 정한 최저임금을 지급하고 사대보험(四大保險)에 가입시켜야 한다. 최저임금은 2012년부터는 시간당 4,580원이 되며, 사대보험은 1) 국민연금 2) 건강보험 3) 고용보험 및 4) 산재보험으로서, 보험료는 모두 합쳐서 월 10만 원 미만이다. 최저임금으로 계산할 때 월 보수는 사대보험료를 포함해서 100만 원 정도가 되므로 웬만한 교회라면 가입에 큰 어려움이 없을 것이다. 개척교회나 재정 상태가 어려운 교회라 할지라

부사역자의 신분보장과 처우(處遇)

도 최저임금과 사대보험은 국민의 기본적 권리와 의무이므로 당연히 시행해야 한다. 또한 월 30만 원 이상의 보수를 고정적으로 받는 사람에게는 사대보험 가입이 허용된다.

제도상 사대보험 가입이 불가능한 경우 최소한 국민연금과 의료보험 및 운전자 보험만이라도 반드시 가입시켜야 한다. 사역자들은 스스로 보험료를 지불해서라도 교회로 하여금 가입시켜 주도록 요청해야 한다.

국가 사회가 앞서 가는데 교회가 뒤 쫓아가서는 안 될 일이다. "하나님의 일"은 공평하고 자애롭고 분명한 관계 속에서 더욱 원활해질 것이다.

의식예배의 진행과 순서, 종합
- 예배냐 친목회냐

 필자는 안수식, 학위수여식, 헌당식, 취임식 등 특수목적 예배에 참석하면서, 예배에 참석하고 있는지 친목회에 왔는지 구분이 안 될 때가 종종 있다. 이 주제에 대하여 이미 언급한 바 있으나(제3서신, 제4서신 참조), 그 중 몇 가지 문제를 다시 제기하는 바이다.

 첫째로, 사회자는 시간을 지키고, 농담과 덧말을 삼가며, 정중하게 식을 진행해야 한다.

 둘째로, 식전(式前) 찬양은 찬양예배, 수련회, 부흥회 등 특별집회에서만 하고 일반 예배나 특히 의식예배 앞에는 하지 않는 것이 좋을 것 같다.

 셋째로, 동영상, 꽃다발, 선물교환 등은 외부 참석자들이 많은 예배에서는 금하고 저녁예배나 그 교회 신자들의 모임에서 따로 가질 일이다.

의식예배의 진행과 순서, 종합

넷째로, 안수받는 이들이 담임목사와 교회에 선물이나 [특별]헌금을 하는 것은 예배 순서로는 부적절하며, 더구나 신자들이 직분과 물질을 연관시킬 우려가 있다. 취임 또는 송별 예배에서 열쇠를 인수인계하는 것은 상징적인 의미가 있다 하겠으나 "행운의 열쇠"는 교회와는 개념이 맞지 않는다.

다섯째, 찬송가는 해당 의식과 일치하는 것 한두 장만을 선택해서 1, 2절만 순서지에 넣고, 특별찬송은 그야말로 "특별한 찬송"이므로 꼭 필요한 경우에 한하여 최소화하는 것이 좋다.

여섯째, 권면을 받을 때는 수혜자가 자리에서 일어서서 정중하게 경청하도록 지도해야 한다.

일곱째, 약력소개와 경과보고는 순서지에 인쇄되어 있으므로 한 줄 한 줄 읽으면서 시간을 끌 것이 아니라 한두 가지 주요사항만 보고하고 유인물로 대신해야 한다.

"시간문제"를 다시 언급하거니와 대학의 학위수여식도 한 시간 안에 끝나며 국가가 시행하는 공식 행사는 순서마다 30초, 또는 1분 등 분초까지 명시해서 전체가 반시간을 넘지 않는데 유독 교회 행사는 두 시간을 넘는 것이 예삿일이다. 식전(式前) 예배가 길어서 초청받은 지역 유지들은 대부분 자기 순서만 마치고 식이 끝나기도 전에 자리를 뜬다. 주최 측

의식예배의 진행과 순서, 종합

목사나 사회자는 늦게 오는 순서 담당자를 기다릴 것이 아니라, 제 시간에 시작해서 준비된 순서부터 진행하는 운영의 묘를 살려야 할 것이다.

젊은 목회자들은 인습에서 벗어나서 간명(簡明)하면서도 경건성을 잃지 않는 의식을 계획해야 한다. 또한 행사를 하면서 예배와 설교에 얽매일 것이 아니라, 웬만한 행사는 기도 하고 바로 시작하는 것이 좋을 것이다. "예배는 하나님께, 축하는 사람들끼리" 이 원칙을 마음에 새겨 행여 예배에 사람을 세우거나 예배를 친목회로 전락시키지 않도록 주의해야 한다.

제76서신

초청설교 - 시의(時宜)에 맞는

설교에 대한 필자의 반성은 이미 언급한 바 있거니와(제22서신, 제45서신 참조), 그 때 간과했던 "초청설교"에 대한 소견 한두 가지를 추가적으로 제안하고자 한다. 다른 교회나 기관으로부터 헌신예배, 의식예배 또는 절기나 기념일에 설교자로 초청받은 설교자는 메시지의 주제를 정하기 전에 1) 그 예배나 행사의 성격과 목적, 2) 자신이 초청받은 이유와 청중이 자신에게 기대하는 메시지가 무엇인가를 먼저 생각해야 한다.

이런 경우를 생각해 보자

어떤 교회 남선교회가 아프리카에서 안식년을 맞아 귀국한 선교사를 헌신예배 설교자로 초청했다. 그런데 초청받은 선교사는 베데스다 연못가의 신유 기적을 본문으로 긴 설교를 하고 밤이 이슥해서야 예배를 마쳤다. 모두 약간은 실망하고 선교 헌금도 기대에 미치지 못했다.

이 예배의 성격(또는 목적)은 남선교회원들의 헌신을 촉구하고 선교헌금을 하려는 것이었고, 신자들이 초청 강사에게 기대한 메시지는 당연히 선교 현장으로부터의 생생한 소식이었을 것이다.

신자들은 선교사가 젊음을 바친 머나먼 아프리카의 그 나라에 대해서와 주민들의 삶, 기후와 습관, 음식, 선교 활동 중 어려웠던 일과 보람된 일, 기도와 후원이 필요한 일 등등, 지금도 진행되고 있을 사도행전 이야기를 기대했는데 초청 설교자는 언제 어디서나 들을 수 있는 일상적인 설교를 했다. 만약 선교사가 그 예배의 성격과 신자들의 기대를 미리 생각하고 설교를 준비했다면 더 큰 은혜를 끼칠 수 있었을 것이다. 아쉬움이 남는 헌신예배이다.

교회가 기독교 신자인 국방장관을 초청했다면 신자들은 북한의 현실과 전쟁 가능성 등 국방과 국제정세에 대한 기독교인으로서의 장관의 보고와 해설을 기대할 것이며, 교단 총무를 초청했다면 교단의 현황과 전망을 기대할 것이다. 초청자와 설교자가 공히 명심해야 할 일이다.

그러나 초청 설교라 할지라도 주일예배를 비롯한 정규 예

초청설교

배에서는 말씀선포를 가볍게 여겨서는 안 되며, 목적예배라 할지라도 무조건 설교를 생략하거나 예배를 축소해야 한다는 의미가 아니다. 다만, 설교자는 예배의 성격에 적합한 메시지를 준비하고 인도자는 신선한 진행으로 은혜로운 예배를 이끌어야 한다는 말이다. 시의(時宜)에 맞지 않는 말씀과 지루한 진행은 예배와 의식 모두의 의미를 반감하게 될 것이다.

「목회서신」을 통해 필자가 권면하는 대상은 젊은 사역자들이라는 점과 내용이 어떤 특정한 교회나 사례를 지적해서 말함이 아니라 필자가 평생을 생각하며 반성해온 문제들이라는 점을 감안해주기 바란다.

제77서신

도한호 박사의 牧會書信

두 유 리멤버 미?

대학을 졸업한 지 40여 년 만에 영어영문학과 1회 동문 30여 명이 서울 도심의 한 호텔 식당에 모였다. 이 모임은 대학 시절 영시(英詩)를 강의하다가 고국으로 돌아간 지 30여 년 만에 한국을 방문한 멜리센트 허니컷 교수를 환영하기 위해서였다. 허니컷 교수는 미혼 여성으로서 예리한 지성과 다정다감한 감수성으로 어린 영문학도들에게 문학이 무엇인지와 시를 어떻게 공부해야 하는지를 깨우쳐준 기억 속의 교수이다.

이제는 제자들의 나이가 모두 환갑을 넘었으니 스승의 연세도 고희가 훨씬 넘었을 것이다. 허니컷 교수는 뒤늦게 선교학 학위를 받고 만혼을 하고 머리가 훤하게 벗겨진 남편 목사와 함께 나타났다. 그녀에게서는 교수 시절의 날카로움보다는 지성과 덕성을 갖춘 인자한 할머니 같은 인상이 풍겼다.

그런데도 백발의 제자들은 그들의 기억 속에 찍힌 발랄한

두 유 리멤버 미?

신임 문학 교수의 영상을 노구(老軀)의 할머니로 바꿔 끼울 의사가 없어 보였다. 우리는 간단한 인사를 나눈 후 저녁을 먹으면서 앉은 순서대로 자기소개를 시작했다. 그런데 일어서는 동문들마다 노 교수를 향해, "두 유 리멤버 미?"로 인사를 시작하는 것이었다. "두 유 리멤버 미? 두 유 리멤버 미?…." 어떤 동문은 자기소개에 이어 워즈워스의 "레인보"와 "틴턴 애비"를 암송하거나 키이츠의 "오오드 투 어 나이팅게일"의 몇 행을 읊조리기도 했다.

밤이 이슥해서야 늙은 시인들의 자기소개가 끝나고 허니컷 교수의 남편 차례가 되었다. 그는 벌떡 일어서서 아내를 향해, "두 유 리멤버 미?" 하고는 빙긋 웃고 자리에 털썩 주저앉는 것이었다. 서양인의 보편적 유머 센스가 빛을 발한 순간이었다. 장내는 웃음바다가 되었고 그제야 한두 동문이 마치 유행가의 후렴처럼 "두 유 리멤버 미"를 남발한 것에 대해 조금 겸연쩍어하는 것처럼 보였다. 어쨌거나 그날 밤의 "생존 시인의 사회"는 그렇게 화기애애하게 끝났다.

그런데 돌아오는 차 안에서 생각해보니, 수십 년 만에 은사를 만난 장년의 제자들이라면 선교비 명목으로 여비라도 보태드렸어야 했는데, 하는 아쉬움과 또 교수는 이미 "걸즈 제너레이션"의 미혼 신참 영문학 교수가 아니라 남편을 동반한 은퇴 교수인데 백발의 "더 보이즈"들은 세월의 간격을 간두 유 리멤버 미?

과하고 음(音)을 이탈하여 너무나 감상적인 대사를 쏟아내지 않았는가 하는 부끄러움이 교차했다.

그리고 왜 모두들 "두 유 리멤버 미?"인가. 선생에게 기억되는 제자는 특별한 인간관계가 없는 한 공부를 월등하게 잘했거나 아주 못했거나, 또는 무슨 큰일을 저지른 학생일 것이다. 누구나 옛 스승을 만나면 "선생님 그동안…" 하며 절하고 다가가서 "몇 년에 입학(졸업)한 아무개입니다" 할 일이지, 따지듯이 "저를 기억하세요?" 하며 대드는 것은 좀 그런 인사법이다. 장담하거니와 주님 앞에 가서도 마찬가지일 것이다.

제78서신

목사직(職)에 대하여

한국 교회가 여성 목사 안수 문제를 논의하는 과정을 보면서 필자는 그 찬반을 떠나서 성경에서 목사의 기원과 정체성을 되새겨 보아야 할 필요를 느꼈다.

1. 목사의 기원

기독교가 목사 안수의 기원으로 간주하는 사도행전 13장 (1-3) 본문에 의하면 안디옥교회는 "내가 불러 시키는 일을 위하여 바나바와 사울을 따로 세우라"는 성령의 지시를 받고, "금식하며 기도하고 두 사람을 안수하여" 보냈을 뿐, 그들에게 그 어떤 직위나 호칭도 부여하지 않았다.

목사 직(職)에 대하여

2. 목사의 직제화

그로부터 30년 정도의 세월이 지난 후, 바울은 감독의 자격을 말하면서 전에 없던 "직분"이란 말을 사용했다(딤전 3:1, '감독의 직분'). 알려진 바와 같이 이때 이후로 기독교는 여러 유형의 문화 속에서 초대교회의 순수성을 점차 잃어가면서 제도화(制度化), 의식화(儀式化) 과정으로 들어갔다. 그 후 개혁자들은 구교회의 계급화된 직제와 의식화된 예배 형식을 배격하는 결사적 개혁운동을 벌여 개신교회가 탄생하기에 이르렀다. 그러나 개신교회 일각에서도 목사의 본분보다 직분이 존중되는 경향이 없지 않은 것 같다.

3. 목사의 정체성 - 목자로서의 목사

바울은 디모데서를 쓸 때와 거의 같은 시기에 에베소서를 쓰면서 목사를 "포이맨" 즉 "목자"라고 했다(4:11). 알다시피 목사의 어원(語原)은 "목자"이다. 예수께서는 친히 "나는 선한 목자라"(요 10:11)고 하셨고, 이에 히브리서는 "양들의 큰 목자이신 우리 주 예수"(13:20)라고 응답했다. 예수님은

목사 직(職)에 대하여

큰 목자 곧 우리의 목자장이시며(벧전 5:4), 목사는 목자장이 맡겨주신 양떼를 쳐야 할 목자이다(요 21:15 - 17). 호칭이 목자에서 목사로 변했다고 해서 신분과 임무가 달라졌다고 생각해서는 안 된다. 오늘의 교회는 목사는 직제로 존재하는 것이 아니라 일(임무)로 존재한다는 사실을 분명히 해야 한다.

다양화된 사회에서 교회가 일정 수준의 조직과 직제를 가지는 것은 불가피한 선택이라 하겠으나 오늘날처럼 목사 직분을 계급과 같은 직제 속에 넣어서 평신도와 여성을 차별화하는 것은 성경적인 처사는 아닐 것이다. 만약 오늘의 교회가 목사를 안디옥교회가 바나바와 사울에게 안수해서 아무런 직위나 호칭 없이 전도자로 이방에 보낸 것처럼, 전도자나 양떼를 치는 목자일 뿐이라고 생각한다면 일정한 자격을 갖추고 목사의 일을 하려는 사람을 성별로 제한하지는 않을 것이다. 아마 그럴 필요조차 없을 것이다.

교회는 목사와 관련된 권위의식과 상징물과 허식을 버리고, 목사는 오직 양떼를 치는 목자라는 평민의식을 되찾아야 한다. 그것이 신약성서적 목사의 의미요 이상일 것이다.

도한호 박사의 牧會書信

사모(師母)

"사모"는 스승의 모친을 가리키는 말이지만 오늘날은 원래의 의미보다는 스승이나 목사의 아내, 또는 직장 상사나 선배의 아내를 높여 부르는 호칭으로 광범위하게 사용되고 있다. 우리 시대가 보편적으로 사용하고 있는 이 호칭을 폐기하고 원래의 의미로 돌아가기는 쉽지 않아 보인다. 목회자의 아내로서의 교회 사모의 역할과 기능에 대해 상고하고자 한다.

사모의 역할

사모는 한 남편의 아내와 아이들의 어머니로서의 주부의 역할 외에도 다양한 직업과 성향을 가진 신자들 가운데서 사생활을 희생하면서 살아야 하기 때문에 직업으로 말한다면

사모

세상에서 가장 어려운 직업 중 하나일 것이다. 사모의 역할은 여러 면에서 외롭고 힘든 것이므로 누구보다 남편인 목사의 이해와 사랑이 절실하다 하겠다.

1) 사모의 제일의 역할은 목사인 남편을 내조하는 것이다. 만약 사모가 다른 일로 인해 가사를 등한히 하게 되면 누군인가 사모 대신 그 일을 해야 할 터인데 바로 그것이 가정과 교회에 문제의 소지가 될 수 있다. 사모는 부목사나 부사역자가 아니므로 목회에 관여해서는 안 된다.

2) 사모들 중에도 신학을 공부하고 목회자의 자격을 갖춘 이는 교회의 요청에 따라 부사역자의 역할을 할 수 있을 것이며, 상담이나 음악 등에 전문 지식을 가진 경우에는 목회에 도움이 되는 범위에서 재능을 활용할 수 있을 것이다.

특별히 유의할 일

1) 신자들이 교회 생활에서 실족하는 일이 있다면 그것은 대부분 말 때문일 것이다. 교회 역시 사람이 모이는 곳이므로 말로 인한 어려움이 없을 수는 없지만 원인 제공자가 사모여서는 안 된다. 사모는 어떤 경우에나 말의 전달자가 되어서는 안 된다는 말이다. 사람이 필요한 말만하고 살 수는

없지만 불필요한 말은 삼가야 한다.

  말이 두려워서 목사나 사모를 가까이 하지 못하는 신자가 있어서는 안 된다. 신자는 목사나 사모가 무심코 던진 한 마디 말에도 실족하고 상처받기 쉬운 연약한 존재라고 생각하고 조심하는 것 중에 말을 조심해야 한다.

  2) 사모는 개 교회 여선교회의 가장 큰 지지자가 되어야 하며, 넓게는 연합회에서도 같은 역할을 해야 한다. 사모들이 친목회를 만들어 취미생활이나 봉사활동을 함께 하는 것은 좋으나 이런 일로 인해 연합사업의 힘이 분산되어서는 안 된다. 사모들이 여선교회의 주축이 되어 협력하고 참여하지 않으면 여선교회가 제 역할을 수행하기 어려울 것이다. 교제는 따로 해도 선교는 함께 해야 한다.

예산(豫算)

교회회계와 기업회계의 큰 차이점은 기업회계는 이익을 창출하는 것을 전제로 하지만 교회회계는 구성원의 헌금을 수입원으로 한다는 점이며, 공통점은 투명성과 기업정신이라 하겠다. 교회가 무슨 기업정신이냐 하겠지만 기업이란 말의 "enterprise"는 원래 대담하다, 진취적이다, 모험적이라는 의미이다. 다른 말로 하면, 기업은 곧 모험이며, 교회 또한 예산 세우기와 운영에 진취적인 자세를 가져야 한다. 이것이 또한 "천국은 침노하는 자의 것"이라는 예수님의 가르침의 정신일 것이다.

도전적 예산

1970년대 초에 우리 교단에서는 미국 남침례교단의 회계

예산

전문가를 초빙해서 전국의 재정집사를 대상으로 재정관리 세미나를 열면서 "도전적 예산"(challenging budget)을 세울 것을 권고한 일이 있었다. 교회는 손익계산서의 수치에 맞추어 예산을 세우는 기업회계와는 달라서 매년 결산보다 5-10%를 상향 조정하는 예산을 세우고 이를 위해 매진해야 한다는 내용이었다. 교회든 기업이든 지난해의 결산에서 전진하지 못하면 침체를 면하기 어려울 것이다.

목회자를 위한 보험

교회는 사역자들이 갑종근로소득세를 감면받는 것을 비롯해서 각종 세제혜택을 받는 기관이므로 실제 국가로부터 4대보험의 혜택을 받을 수 없다. 따라서 교회는 목회자들을 위해 의료보험, 국민연금, 운전자보험 등을 반드시 들어주어야 한다. 교회의 예산이 크든, 적든 목회자들이 어려움에 처했을 때 우선적으로 도움 받을 수 있는 법적 장치는 보장되어야 하기 때문이다(제74서신 참조).

목회자에 대한 처우

목회자의 급여는 목회자의 연령과 신분 및 교회의 재정 상태에 따라 차이가 있을 수 있지만 대게는 16개월 봉급과 1개월분 퇴직금 적립, 교육비(목회자 자신 또는 자녀), 휴가비, 차량 및 운행경비, 목회자가 교회 밖에서 생활하는 경우 주택 제공과 기본적 공과금을 제공받는다.

교회가 이와 같은 기본적 생활보장을 하지 못하는 상태에서 목회자에게 희생만을 기대해서는 안 될 것이다. 교회의 입장에서는 어려운 교회일수록 도전적 예산을 세우고 재정 상태가 어려워서 봉급을 줄 형편이 못되더라도 예산은 세워 놓아야 하며, 목회자의 입장에서는 사례비를 사양하기보다는 일단 받아서 다시 헌금하더라도 받을 것은 받아야 한다. 목회자도 저축도 하고 보험도 들어서 어려울 때와 노후를 스스로 대비해야 한다.

홈페이지

인터넷이 널리 보급되면서 정부기관과 시민단체 및 교회들이 대부분 홈페이지를 운영하고 있다. 교회는 홈페이지가 정보통신에 관한 법률의 보호와 제재를 받는 통신 수단이지 무한대의 자유가 보장된 통신 매체가 아니라는 사실을 알아야 한다.

홈페이지 안에는 대개 구성원이면 누구나 의견을 개진할 수 있는 "자유게시판"이 있다. 이 게시판은 잘 이용하면 개인이나 기관에 유익이 될 수 있지만 이용자가 분별없이 글을 올리기 시작하면 재앙이 될 수도 있다. 실제로 인터넷 보급 초기에 교계에서 목회에 성공한 것으로 알려진 한 교회의 담임목사가 선도적으로 자유게시판을 개설하고 신자들에게 무슨 의견이든 자유롭게 개진하라고 선포했다가 목사의 보수와 교회 재정 비리(?) 등에 대한 폭로와 비난이 쏟아져서 목사가 교회를 사임한 일도 있었다.

정보통신 서비스 이용자 수칙

정보통신을 이용하는 사람, 좁게 말해서 게시판 이용자는 알림, 칭찬 또는 건전한 의견개진을 해야지 남을 비방하거나 음해할 목적으로 사실이 아닌 내용을 게재해서는 안 된다. 정보통신 관련 법률에는 "이용자는 사생활 침해 또는 명예훼손 등 타인의 권리를 침해하는 정보를 정보통신망에 유통시켜서는 아니 된다"(정보통신망 이용촉진 및 정보보호에 관한 법률 44조 1항)고 명시되어 있다.

신자들 간에도 타인의 인격을 훼손하는 글을 올린 경우에는 그것이 사실이라 할지라도 법적 책임을 추궁당할 수 있다. 칭찬과 격려도 모자라는 한 생애에서, 더구나 신자나 목회자로 부름받고서 남의 일을 간섭하거나 비방하는 길을 선택해서는 안 될 일이다.

정보통신 서비스 제공자의 의무

홈페이지를 운영하는 기관이나 개인은 정보통신 서비스 제공자이므로 관련 법률을 숙지하고 준수해야 한다. 모든 운

홈페이지

영자는 당사자로부터 "해당 정보의 삭제 등을 요청받으면 지체 없이 삭제, 임시조치 등의 필요한 조치를 하고 즉시 신청인 및 정보 게재자에게 알려야 한다"(동법 44조의 2). 요청자의 신청을 방치할 경우 정보통신 제공자로서의 의무를 유기한 데 대한 책임이 따를 수 있다. 교회는 이용자의 인격이 침해받거나 교회 자체의 건덕을 해치는 일이 없도록 항상 홈페이지를 검토 관리해야 할 의무가 있다.

독자로서의 신자는 목회자나 제직 또는 교회를 비방하는 정보가 게재될 경우 먼저 정보의 신빙성과 게재자의 동기를 생각해야지 정보를 기정사실화해 버려서는 안 된다. "자유 게시판"의 명칭은 그냥 "게시판"이나 "코이노니아" 또는 "만남의 광장"이 적당해 보인다. 자유는 절제와 균형을 이룰 때 존재하는 것이지 지나치면 방종이 된다.

제82서신

도한호 박사의 牧會書信

무고(誣告)와 비방

김목사의 전화를 받고 마음이 몹시 안 되었고 한 편으로는 동병상린(同病常鱗)을 느끼기도 했네. 그러나 어려움이 있다고 해서 목사가 교회를 떠나 기도원에 들어가 버리면 양떼는 누가 돌보며 상처받은 가족의 마음은 누가 달래 주겠는가?

그렇다고 목사를 위해 나서지 않는 신자들을 원망해서는 안 되네. 신자들은 비구름이 몰려오면 어찌할 바를 모르고 우왕좌왕 하는 양떼와 같아서 목사를 변명할 만한 논리와 용기가 없을 뿐 그대에게 등을 돌리는 것은 아닐 것이네.

무고와 비방에 대한 괴로움이 자네만의 것이라고 생각해서는 안 되네. 전에 잠시 이야기를 나눈 바, 아무 인터넷 사이트에나 들어가서 검색 창에 내 이름 석 자를 입력하면, 부추연이란 곳에서는 나를 인혁당 운운하면서 마치 공산주의자인양 비판하고(daum 외), 말씀○○학회의 이모 목사는 개역개정판 성경의 원문 선택문제와 관련해서 나를 사이비 학

무고와 비방

자로(msn 외), 예장 통합교단의 강모 목사는 내 이름을 거명하면서 "악역(惡譯)된 개역개정판 성경"은 폐기되어야 마땅하다고 주장하며(msn), 같은 교단의 최모 목사는 이단을 옹호하는 이단으로(msn, 교회와 신앙) 등등… 이 외에도 심지어 우리 교단 홈페이지에서 조차 대학의 인사와 회계 등에 대해 터무니없는 말로 필자를 비방하고 무고하는 글이 실려 있다네. 내 이야기를 해서 미안하네만.

개인적인 문제를 차치(且置)하고, 이 나라의 대통령에 대한 비방 글을 보게. 나라를 미국에 팔아먹은 사대주의자, 국민의 주권을 짓밟은 대통령, 나라 경제를 파탄시킨 대통령 등등. 이런 공개적 비난을 듣는 대통령께서 입이 없어 가만히 계시겠는가. 공인으로서 나라 일을 하면서 그만한 비판은 관용하시겠다는 의지가 아니겠는가. 목사 역시 공인이라고 생각하고 개인적인 비판은 수용해야 할 것이네.

국민이 세운 한 나라의 수장을 시정잡배 나무라듯 이렇게 하는 나라는 세상에 없을 것이네. 이는 자기 인격에 스스로 구정물을 퍼붓는 것과 같은 일이지만 본인들은 그것으로 마치 자신들이 애국투사나 된 듯 착각하고 있으니 그것이 문제일세.

무고와 비방

  자네 교단에는 세상 법정에 호소하는 대신 두드릴 신문고(申聞鼓)가 있으니 교회를 무고하는 것에 대해서는 교단 헌법재판소에 재판을 청구할 수도 있지 않겠는가? 무고하고 비방하는 이들은 이미 스스로 보응을 받고 있거나, 불연(不然)이면 자연의 법칙에 의해 대가를 치르게 될 것이네. 참고 견디면 언제인가 자네 가슴에 눈물을 고이게 한 이들이 스스로 일어나 그것을 닦아 줄 날이 있을 것이네.

  마침 라디오에서는 집나간 아들을 찾아가서 고향 "프로방스로 돌아가자"고 호소하는 한 아버지의 애절한 아리아가 흘러나오네. 목장으로 돌아가게.

제83서신

교지(教誌)와 문예활동

1970년 전후의 어느 해, 필자는 수원중앙교회로부터 학생회 예배인도 부탁을 받은 일이 있었다. 예배를 마친 후에 학생들과 대화하는 중에 그 교회 김장환 목사님의 큰 아드님 요셉 군이(학생회장) 내게 질문했다.

"선생님, 우리 학생회에서 문예지를 만들기로 했는데, 생각해보니 이것을 만들어서 무엇하는가 하는 의심이 생깁니다. 돈과 시간을 들여서 이것을 만들어야 할까요?"

필자 역시 과거 학생 시절에 이런 의문을 가진 일이 있었기 때문에 나름대로의 답을 가지고 대략 다음과 같이 이야기했다:

첫째로, 책을 한 권 만들려면 여러 번 모여야 하는데 그 모임이 좋은 교제가 될 것이다.

둘째로, 함께 모여 일하는 중에 서로에게서 숨은 재능, 즉 글쓰기와 그림 그리기, 일을 추진하는 능력 등을 발견하고

교지와 문예활동

우정도 다지게 될 것이다.

셋째로, 책을 만들려면 각자 한두 편씩 글을 써야 할 터인데 글을 쓰려면 생각하게 되고 생각을 통해 자신과 각자에 대한 하나님의 뜻을 발견하게 될 것이다.

필자는 여기에 덧붙여서 필자의 경험도 말해 주었다: 즉, 1950년대 후반, 어느 여름 방학에 한 선배의 소개로 서울 명동에 있는 어떤 문학가 선생님의 사무실을 찾아가서 그 때까지 내가 써 모은 동요, 동시, 가사 등이 적힌 "노트"(九江) 한 권을 전하면서 지도를 부탁한 일이 있었는데, 많은 세월이 지난 후, 그 때 그 공책에 쓴 내 글과 같은 가사 몇 개가 노래로 불리어지는 것을 듣고 깜짝 놀랐다. 그러나 그것이 내 것이라고 말 할 수 있는 근거가 아무 것도 없었다. 만약 교지에라도 그것을 발표했으면 그것을 들고 "저작권협회" 같은 곳에 가서 "이것은 내 것입니다" 하며 되찾을 수 있었을 것이다.

내 말이 끝나자 조용히 듣고 있던 학생들이 한 목소리로, "이 일이 그렇게 중요한지 몰랐습니다. 열심히 하겠습니다" 하고 대답했다. 그들 가운데서 김요셉 목사를 비롯해서 큰 인물들이 나왔으며, 또 당시 필자가 다니던 서울침례교회에서는 교회에서 생애 처음으로 성극(聖劇)에 출연했던 학생이 그것을 시작으로 후에 우리 국민이 다 잘 아는 탤런트가 되었고 유관 부처의 직전 장관을 지내기도 했다. 똑똑한 학

교지와 문예활동

생은 교회에 다닌다고 해서 시간을 허비하거나 공부를 게을리 하지 않는다.

"문화선교"라고 하면 말이 커지는 것 같지만, 교회는 선교 차원에서 체육과 봉사활동과 문화 활동을 장려해서 당대의 신자들에게는 단합과 봉사의 기회를, 다음 세대를 위해서는 인간관계의 구심점과 마음의 고향을 마련해 주어야 한다. 기성세대는 다음 세대를 위한 희생과 봉사를 통해 성숙된다.

교회가 문화 활동을 등한히 하면 해당 연령층이 사라져 닻줄 끊어진 배처럼 표류할 수 있다. 인재(人材)란 조개 줍듯 거두어 쓰는 것이 아니라 길러 쓰는 것일진대 사람을 불러 모아 양육하는 데는 문화 활동이 유익한 수단이 된다는 말이다(참고 : 교회에서 만드는 문예지는 敎誌, 학교는 校誌로 표기).

도한호 박사의 牧會書信

완장

  윤흥길의 작품 중에 「완장」이란 소설이 있다. 이야기는 땅 투기로 벼락부자가 된 최 사장이 인근 저수지 사용권을 얻어 양어장을 시작하면서 그 지역 이곡리에 사는 임종술이라는 떠돌이 무직자에게 관리를 맡긴 것으로부터 시작된다. 종술은 장래성도 없고 수입도 시원찮은 저수지 관리인이 마음에 들지 않았지만 완장을 채워준다는 말에 관리직을 수락했다.

  그런데 종술은 완장을 찬 그 순간부터 사람이 달라져서 밤에 고기를 잡으러 온 초등학교 동창생 부자를 도둑으로 몰아 폭행하는가 하면 외지에서 온 아베크 남녀에게 기합을 주고 읍내에도 완장을 차고 다니며 우쭐대다가 어느 날은 저수지로 나들이 나온 최 사장 가족에게까지 행패를 부린다.

  종술은 심한 가뭄으로 농지에 물을 대기위해 저수지의 물을 빼야한다는 수리조합 직원과 다투다가 경찰에게까지 행패를 부린 끝에 쫓기는 신세가 된다. 마침내 종술은 신주 모

완장

시듯 차고 다니던 비닐 완장을 물 빠진 저수지에 내던지고 야반도주 하는 신세가 된다. 후일담이 조금 더 남아 있지만….

필자의 가족은 대전의 한 집에서 만 30년을 살면서 홀로 사는 이웃 여성 한 사람과 가까이 지냈다. 그런데 어느 날 그 아주머니가 평소와 다른 얼굴을 하고 와서는 우리 집 담벼락이 도로를 점유하고 있다면서 트집을 잡는 것이었다. 내 집 벽돌담이 밤사이에 도로 쪽으로 걸어 나갔을 리도 없었거니와 알고 보니 그 아주머니의 태도 변화는 그가 바로 전날 통장(統長)으로 임명을 받았기 때문이었다. 통장이 되었다고 해서 평소의 고마움도 잊고 그 통의(通義) 삶과 죽음을 주관하려 들다니!

어떤 직위를 얻으면 그것을 남을 돕고 섬길 기회로 여겨야 할 터인데 그것이 무슨 영구불변의 권력이라도 되는 양, 그것으로 보복하고, 구부러진 것을 더 구부리고, 그것으로 권세부릴 기회를 삼는 사람들이 가끔 있다.

제상의 말고삐를 잡고서는 천하를 얻은 듯 거드름을 피우던 안녕(晏嬰)의 마부같은 이들이 시대의 서막과 종장(終章)을 여닫는 동안 이 나라의 민주주의와 민생은 수십 년씩 후퇴했다. 목회자의 세계에서 만은 이런 일이 없어야 할 터인데 교계를 살피건대 완장을 차고 널금저수지와 읍내를 헤집고 다니는 주의 종들이 심심찮게 눈에 띈다. 그것을 내려놓

완장

을 때는 부끄러워 어찌하려고. 권위는 사람됨에서 나오는 것이지 지위가 주는 것이 아닐진대 남이 인정해주는 것은 권위(權威), 스스로 부리는 것은 권세(權勢)이다. 이 권세 부리는 것에 대한 예수님 말씀을 상고(詳考)해 보자.

"이방인의 집권자들이 그들[백성]을 임의로 주관하고 그 고관들이 그들에게 권세를 부리는 줄을 너희가 알거니와 너희 중에는 그렇지 않아야 하나니 너희 중에 누구든지 크고자 하는 자는 너희를 섬기는 자가 되고 너희 중에 누구든지 으뜸이 되고자 하는 자는 너희의 종이 되어야 하리라. 인자가 온 것은 섬김을 받으려 함이 아니라 도리어 섬기려 하고 자기 목숨을 많은 사람의 대속물로 주려 함이니라"(마 20:25 - 28).

제85서신

세미나와 포럼

 교회는 오랜 기간 교회가 주관하던 교육적 집회를 강습회나 사경회라고 하다가 근래에 와서 '세미나,' '포럼' 등의 어휘를 즐겨 사용한다. 그래서인지 지식인들 사이에서는 흔히 우리 시대를 '포럼의 시대'라고도 말한다.

 명칭에 따라 의미를 규명하자면, 강습회나 사경회는 가르침을 위주로 하는 교육적 모임, 세미나는 주제에 대한 연구 발표를 중심하는 모임, 포럼은 토론을 중심으로 하는 모임이라고 할 수 있을 것이다. 이런 종류의 행사에서 몇 가지 유의할 점을 피력하고자 한다:

첫째로, 경축(慶祝) 현수막 : 현수막에 흔히 사용하는 '경축'이란 말은 국가의 창립, 독립기념일, 즉위식, 왕자나 공주의 탄생 등 국가적 경사를 지칭할 때 사용하는 어휘이므로 학위 취득, 회갑연, 당선, 입당 등 개인적, 일반적 행사에 사

세미나와 포럼

용하는 것은 부끄럽다. 일반적인 행사의 현수막이나 걸개에는 '축,' '축하' 또는 '환영'이 적합하다(제30서신 참조).

둘째로, 내빈소개 : 주최자가 대통령이나 삼부 요인급 인사가 아닌 한 손님을 불러놓고 주최 측 인사를 먼저 소개하는 것은 예의를 벗어난 행위이다. 내빈을 먼저 소개하되 앞서 소개되지 않은 인물만 소개할 일이지 방금 강연이나 설교를 한 강사를 또 불러일으켜 소개할 필요는 없을 것이다.

셋째로, 좌석배정 : 단상의 좌석은 출신 기관의 비중, 현직과 전직, 또는 연령과 경륜에 따라 배정해야 한다. 교회가 크다거나 그 행사를 위해 재정을 지원한 교회의 목사라고 해서 연장자와 스승을 앞세워 소개하거나 중앙 좌석을 배정해서는 안 된다.

선착순으로 앉는 자리라고 할지라도 지도자는 자기 위치를 스스로 파악할 줄 알아야지 경우에 없이 앞자리를 차지하거나 어깨싸움을 하면서 단체 사진의 중앙자리를 차지하는 것은 보기에도 민망하다. 젊은 목회자들이 특히 유의해야 할 일이다.

넷째로, 순서지에 시작 시간과 함께 마치는 시간도 표기해

두면 참석자들에게 도움이 될 것이다.

다섯째로, 박수 : 박수치는 것을 주관할 권리를 가진 사람은 사회자와 주최자 밖에 없음을 알아야 한다. 초청받은 강사나 손님이 자기 차례에 단상에 나가서 다른 내빈을 불러일으켜 박수를 치자고 하는 것은 주제 넘은 일이다.

또 사회자가 해서는 안 될 말 중 하나가 "다시 한 번 박수합시다"는 말이다. 박수는 의식의 일부이므로 찔끔찔끔 하거나 되풀이 할 것이 아니라 한꺼번에 세게 보내야 하는 것이다. 서투른 사회자일수록 자꾸 박수하자고 해서 앞 선 박수를 희석시킨다(제2서신, 제3서신 참조).

목회현장의 시련

목회자는 흔히 백 명, 천 명의 신실한 신자들 중 한두 사람에 의해 어려움을 당한다. 필자는 제직으로 또는 협동목사로서 담임목사가 공사 간에 겪는 어려움을 목격하면서 젊은 목사들이 대비해야 할 목회현장에서의 공통적 어려움을 요약 정리해야 할 필요를 느껴왔다.

1) 건의와 충고의 한계를 넘어 담임목사의 인사와 행정을 간섭하려 드는 제직

2) 헌금은 게을리 하면서 행사를 치르거나 접대를 할 때는 교회 예산을 아낌없이 펴주면서 쉽게 일하려는 제직

3) 건물 보수와 기자재 구입 등 교회 일을 자신이 따내려 하거나, 교회 예금을 차용하려하거나, 또는 친인척을 직원으로 채용해 달라고 청탁하는 제직이나 신자

4) 파당을 지어 세를 과시하면서 목사를 위협하는 신자들

5) 선교와 총회에 대한 의무 및 교단 기관 지원 등 대외협력에 소극적인 교회

6) 항상 부정적인 견해를 가지고, 간단히 끝날 회의에서조차 이의를 제기해서 회의를 지연시키고 대안 없는 반대로 일관 하는 제직

7) 재정이 어려워지면 목회자의 생활비와 선교사업부터 삭감하려드는 교회

8) 사회의 급격한 변화에 따른 다문화 글로벌 선교시대를 내다보지 못하고 현재에 집착하는 제직들

9) 자기 교회 문제를 다른 교회 목사에게 상담하거나 도움을 청하는 제직

10) 목사에 대한 신임투표를 무기로 삼는 교회 등

문제 해결을 위하여

이와 같은 문제에 대한 근원적 해결책은 1) 목회 시작부터 '되는 것과 안 되는 것'을 명확히 할 것과 2) 특정지역의 특수목회가 아닌 한 장기적 안목으로 인성교육을 포함해서 교리, 행정, 재정관리. 신자(교회)의 의무, 목회자 예우, 교단의 정체성과 역사 등을 지속적으로 가르치는 것뿐일 것이다.

교육해도 되지 않는 인성 교화(敎化)는 어찌할 도리가 없다 하더라도 교회행정을 배우지 못한 제직들은 직장이나 사회에서 얻은 경험과 지식을 교회에서도 그대로 적용하려고 할 것이다. 교육을 하되 분명한 목표를 세우고 "목적이 이끄는" 교육을 해야 결실을 기대할 수 있을 것이다.

제87서신

도한호 박사의 牧會書信

목사의 금기(禁忌)

목회의 어려움에 대한 객관적 해결책을 교육이라고 지적했으나(86호) 교육 부재가 유일한 원인은 아닐 것이다. 그 원인의 일부를 목회자에게서 찾는다면 그것은 목사의 영적 권위와 관련된 일일 것이다. 건강한 목회를 위해 최소한 아래와 같은 일을 삼가 하기를 권면하는 바이다.

첫째로, 물질에 약한 인상을 주어서는 안 된다. 목사는 요구할 것은 정당하게 요구하고 내놓을 것은 정직하게 내놓아야 한다. 돈에 대한 이야기를 입에 달고 다니거나 셈이 흐린 인상을 주거나 신자들과 돈거래를 해서는 안 된다.

둘째로, 교회 형편에 따라 불가피한 경우가 있겠지만, 목사는 교회 예산을 직접 운용하거나 건축이나 수리 인쇄 등을 직접 관리해서는 안 된다. 큰일은 공개입찰로 하고 목사는 돈을 직접 만지는 대신 최종 결재자가 되어야 한다. 재정은 사람을 믿고 맡기지 말고 제도를 믿고 맡겨야 한다.

목사의 금기

셋째로, 원칙 없는 행정은 안 된다. 처음에 다소 어려움을 당하더라도 "되는 것과 안 되는 것"이 분명해야 한다. 교회에 산을 차용하려 하거나 공사를 따내려는 청탁을 받아서는 안 된다. 담임목사라고 해서 교회의 모든 결정을 혼자 마음대로 하는 것이 아닌 만큼 못 할 일은 제 때 "그것은 안 됩니다" 하고 말해야 한다.

넷째로, 쉽게 약속하지 말아야 한다. 초빙 받을 때, 자신의 목회기간을 스스로 정해서 공포한다거나 신임 투표를 장담하거나 봉급을 받지 않겠다고 약속해서는 안 된다. 이런 약속은 스스로 자신의 목회를 제한하는 행위가 되기 쉽다.

다섯째, 산자들에게 편안한 신앙생활을 약속해서는 안 된다. 출석, 헌금 및 봉사는 신자의 기본적 의무이므로 장기적으로 목회하려면 호불호 간에 가르칠 것은 가르치고 강조할 것은 강조해야 한다. 교회는 친목단체가 아니라 선교단체라는 사실을 잊어서는 안 된다. 제때 교육하지 않으면 신자들은 부담 없는 신앙생활을 당연시 할 것이며 그런 신자들을 가지고는 교회가 제 기능을 다하기 어려울 것이다.

여섯째, 교회의 리더십을 양도해서는 안 된다. 담임목사는 자신이 양도하지 않는 한, 교회의 최고 의결기구인 사무처리회의 의장이며 교회행정의 최고 결재자이다.

일곱째, 설교를 통해 개별 신자를 꾸짖거나 비난해서는

안 된다. 설교는 예언으로서 백성의 과오를 꾸짖고 하나님의 뜻을 선양하는 매체이지만 개별 신자의 잘못을 설교를 통해 질책해서는 안 된다. 설교자가 성경의 일반적 진리를 선포해도 신자들 중에는 그것을 자기를 겨냥한 설교라고 오해하고 실족하는 경우가 적지 않은데 하물며 설교를 통해 직접 나무라면 교회가 평안을 유지하기 어려울 것이다.

여덟째, 상담한 내용은 어떤 경우에 누구에게도 발설해서는 안 된다.

80퍼센트

    우리 국민의 하루는 애국가로 시작되어서 애국가로 저문다. 국민가수로 선택된 이들은 부모에게서 물려받은 풍부한 성량과 "불과 모래로 단련한" 세련된 미성으로 국가를 부른다.

    그런데 그 중 어떤 성악가는 풍부한 성량과 세련된 매너를 가지고서도 똑똑한 발음으로 국가를 부르지 못하고 "두웅후웨 물과 부액두수완이 무와르고 다왈토록" 하며 이상한 가사로 바꾸어 부른다. 가진 음성을 절제하며 조용히 불러도 충분한데 더 잘 부르려고 목청에 힘을 주다보니 발음에 불필요한 강세가 주어진 결과이리라. 소리 낼 수 있는 목청의 80%만 사용해서 "동해물과 백두산이 마르고 닳도록" 하고 똑똑하게 불러주면 우리 국민의 애국심이 더욱 고양될 수도 있을 터인데, 애국가를 들을 때마다 민망하고 안타깝다.

    한 번은 우리 대학의 한 성악 교수에게 이 이야기를 했더

80퍼센트

니 그 교수의 말이 필자의 이야기가 새로운 것이 아니라, 원래, 성량도 80%, 음향기기도 최대 용량의 80%를 사용하도록 가르치고 있으며 또한 그것이 온당한 창법이라고 말했다.

과한 것이 어찌 음악뿐이겠는가. 우리 사회 전반이 마치 팝콘 기계 속에서 뒹구는 옥수수처럼 잠시만 살다 죽을 듯이 급하게 서두른다. 신학입문을 공부하면서 천년왕국을 질문하는 학생도 있고 성서언어도 가르치기 전에 해석학과 비평학을 가르치려는 교수도 있다.

음식 먹는 습관 역시 이와 별로 다를 바 없어 보인다. 먹는 끼니가 마지막 식사라도 되는 양 욕심껏 수저를 휘두른다. 조금 덜 먹어야 다음 식사가 기다려지고 시장할 때 마음이 열리고 사리가 분명해지며 세상이 보인다는 것을 모르는 것 같다. 하인들에게는 보리밥에 우거지 국을 배불리 먹여 별이 뜰 때가지 들에서 일 시키고 자신들은 강에 내려가 음식 반 풍류 반, 뿔 자른 소를 타고 기나 긴 하오(下午)를 유유자적하던 지나간 시대 부자 양반들의 삶에서도 배울 것이 있다.

음식도 80퍼센트, 수도꼭지도 80, 칭찬도 80, 좋은 것도 나쁜 것도 80퍼센트만이 자신의 것인 줄 알 것.

필자가 협동목사로 출석하던 교회에서 우리대학 실습전도사가 수요일 저녁 설교를 했다. 그런데 다음 주일에 목사님께서, "도목사야" 하고 나를 부르시더니, "실습전도사 저

80퍼센트

사람은 도목사매로[처럼] 설교 안하고 부흥사매로 한다" 하며 언짢아하시는 것이었다. 넘침은 모자람만 못한 법. 나는 그 전도사를 불러 매사에 잘 보이려 하지 말고 학생답게 하라고 충고했으나 그가 내 말을 이해하지 못하는 것 같았다. 얼마 후에 그 전도사는 교회를 떠났다.

가진 것을 하루에 다 보여주는 것은 겨울 동안 먹을 양식을 동짓달에 먹어치우는 것과 다름없다. 물을 아껴야 사막을 건넌다. 언제 무엇을 하든 20%는 저만치 남겨두어야 한다. 80%에 이르도록 최선을 다하고 동시에 그것을 넘지 않도록 절제할 일이다. 그래야 완주할 수 있다. 인생이나 목회가 모두 장거리 경주라는 사실을 마음에 새겨두기 바란다.

제89서신

치리권(治理權)

'치리'라는 말이 성경에 널리 사용되었음에도 불구하고 (창 43:31; 신 15:6; 잠 28:16; 단 5:7; 눅 20:20; 행 7:10외), 이 말을 낯설어하는 기독교 단체들이 있다. "치리" 대신 '행정' 또는 '행정권'이라고 해도 차이가 없을 것이다. 작든 크든 한 단체나 기관을 이끌어가기 위해서는 소정의 권리를 가지고 단체를 이끌 주체가 필요하며, 교회도 하나의 단체이기 때문에 회의를 소집한다거나 행정을 주관할 책임자를 필요로 한다.

장로교회는 교회마다 당회(堂會)가 있고 담임(위임)목사가 당회장이 되어 치리하며, 침례교회는 사무처리회가 있고 담임목사가 의장이 되어 치리한다. 그런데 최근 침례교회에는 담임목사가 사무처리회 의장직을 제직에게 위임하는 사례가 가끔 있다.

남침례교회 가운데 규모가 큰 교회들이 담임목사의 행정

치리권

적 부담을 덜어주기 위해 연초에 사무처리회의를 열어 담임목사가 의장직을 위임하는 수순을 거쳐 제직 가운데서 의장을 세우는 경우가 간혹 있다. 교회마다 특수한 사정이 있어 하나의 잣대를 가지고 판단할 일은 아니지만 일반적으로는, 비록 목사의 행정적 부담이 크다 하더라도 목회 방향은 담임목사의 의지대로 가야하는 만큼 담임목사가 의장직을 수행하는 것이 타당하다 하겠다.

근래 동서양 간에 개신교회 일각에서 교회의 치리권이 분산되는 현상이 나타나고 있다. 셀 그룹 목회를 하는 교회들 가운데서는 교회 안에 목장을 만들고 목장 장에게는 거의 담임목사와 같은 행정권을 부여하여 '교회 안의 교회' 처럼 운영하는 예가 있다. 그런 교회들이 복음적 선교적으로 건전하게 성장하고 있어서 옳다 그르다 할 문제는 아니지만, 행정적으로 판단할 때는 한 교회의 담임목사는 하나이어야 하며, 특히 한국사회 같은 정서에서의 치리권의 분산은 혼란을 불러올 소지를 안고 있다.

관찰하건데 새로 부임한 목사의 처음 5년은 신혼기와 같아서 목사가 하는 일은 무엇이든지 수용되고 목사의 실수까지도 오히려 폭이 넓고 이해심이 깊은 목사로 이해되지만, 5년을 지나면 신자들이 지나간 시절 목사의 말과 행동에 대해 의문을 가지기 시작하는 권태기가 오는 것 같다. 그러나 이

치리권

기간을 잘 넘기면 10년 이후부터는 조정기로서 목회방향을 재조정하여 새 출발할 수 있는 기회라 할 수 있을 것이다.

사무처리회 의장을 위임한다거나 목장 장에게 부분적인 치리권한을 주었다고 해서 당장 목회에 큰 지장을 초래하는 것은 아니겠지만, 중요한 것은 교회의 리더십은 하나이어야 한다는 점과 교회행정에 혼선이 빚어져서는 안 된다는 것이다. 특히 사람을 세우는 일에는 정해진 원칙이 없고 실패가 성공보다 많기 마련이지만 실패하더라도 하나의 기관으로서의 교회를 세우기 위해서는 인사권과 치리권 등 목사에게 주어진 권리와 의무를 일부라도 포기해서는 안 된다는 말이다.

교회건축과 공간이용

중세 교회(성당)의 건축 양식

중세기 유럽의 대성당들은 성당 본연의 목적인 예배(미사제사)와 그에 따른 일뿐 아니라, 교회의 부(富)와 권력을 과시하는 수단으로 건축되기도 하였다. 12세기까지 유럽의 일반적 건축 양식은 스테인드글라스가 사용된 반(半) 원형의 창문과 아기자기하고 아름다운 양각(陽角)이 채용된 로마네스크 양식이었으나 12세기 중엽 프랑스의 램스 대성당을 지을 무렵부터 웅장한 고딕식 건축양식을 선호한 것으로 보인다.

고딕 양식은 대개 앞머리에 첨탑과 종탑을 높이 세워 위용을 과시한다. 이 양식은 램스 대성당을 필두로 15세기까지 전성기를 이루었고, 이 때부터 건축된 대표적 고딕식 성당으

교회건축과 공간이용

로는 노트르담, 밀라노, 상파울루 대성당 등등이 있다. 이러한 건축물은 화려한 문양의 대리석으로 기둥과 내벽을 장식하고 창문마다 스테인드글라스를 사용했으며 그 웅장함과 정교함이 견줄 데 없다.

우리나라는 1865년(고종 2년) 흥선 대원군이 경복궁을 중수(重修)하면서도 나라 경제가 어려워져 백성이 도탄에 빠졌다고 기록되었는데, 중세 국가교회들이 그런 대건축물을 지을 때의 국민의 고통을 생각하면 대성당의 웅장하고 아름다움보다 연민이 앞선다.

한국교회의 건축 양식

초기 한국교회는 신 구교를 망라해서 교회당을 건축하면서 이 고딕식 양식을 적용하였다. 이 양식이 한국 교회에 도입된 것은 아마 1886년 한불수교조약이 체결된 후 한국에 입성한 프랑스 신부들이 명동성당(1898년 완공)과 부산진 성당(1916년 완공)을 고딕 양식으로 건축한 데서부터인 것 같다. 한국교회는 이 두 성당에 이어, 교파와 시간의 간격을 뛰어 넘어, 영락교회, 남산교회, 새문안교회, 충현교회, 서울침례교회 등등이 모두 고딕식 양식을 채택했다. 교회들은 건축

교회건축과 공간이용

양식에 대해 별 생각 없이 명동성당의 건축 양식을 따랐던 것으로 보인다.

결과적으로 한국교회는 사용하지 않는 첨탑과 종탑에 건축 예산의 상당 부분을 쏟아 붓고 막상 예배당 외의 부속 공간은 일 년 내 별로 쓸모없이 비워두는 예가 많았다. 근래에는 냉난방 시설을 갖추기 때문에 춥거나 더워서 공간을 사용하지 못하는 일은 없다 하지만 과거에는 1년의 반에 해당하는 6개월 동안을 주일 외에는 거의 사용하지 못하고 비워두는 일이 많았다.

교회를 건축할 때는 다른 교회의 건축양식을 따르지 말고 실용성과 지형적 특성을 우선적으로 고려하여 지역과 주민의 눈높이에 맞는 독창적 건축을 시도하기 바란다. 도로변에 우뚝 우뚝 선 고딕식 교회들, 지역과도 어울리지 않고 쓸모도 주체성마저 없어 보인다. 작든 크든 "우리 교회" 같은 교회를 짓기 바란다.

십일조

교회 안팎에서 십일조에 대한 논쟁이 그치지 않는다. 논쟁의 핵심은 율법시대의 규례가 오늘날까지 유효하냐 하는 문제인 것 같다. 막상 성경을 펴들면 기록이 단순하고 명확해서 논쟁의 여지가 없어 보인다.

1. 십일조의 기원 - 창세기 14:17-20

아브라함이 부족 간의 전쟁에서 적을 물리치고 빼앗겼던 재물과 조카 롯을 찾아 돌아가는 길에 살렘 왕 멜기세덱을 만나서 축복을 받고, 전리품의 십분 일을 그에게 바친 것이 성경 최초의 기록이다.

2. 십일조에 대한 약속 - 창세기 28:22

야곱이 하란 가는 길에 벧엘에서 "하나님께서 내게 주신 모든 것에서 십분 일을 내가 반드시 하나님께 드리겠나이다" 하고 약속했다.

3. 십일조의 용도 - 느헤미야 13:10-13

하나님께서는 십일조를 회막에서 일하는 레위 자손들에게 기업으로 주시겠다고 약속하셨다. 교회의 필요를 위해 사용된다는 말로 해석.

4. 십일조에 대한 명령 - 말라기 3:9-10

"너희 곧 온 나라가 나의 것을 도적질하였으므로 너희가 저주를 받았느니라. 만군의 여호와가 이르노라. 너희의 온전한 십일조를 창고에 들여 나의 집에 양식이 있게 하고 그것으로 나를 시험하여 내가 하늘 문을 열고 너희에게 복을 쌓을 곳이 없도록 붓지 아니 하나 보라."

5. 십일조에 대한 예수님의 가르침 - 마태복음 23:23

"… 너희가 박하와 회향과 근채의 십일조는 드리되 율법의 더 중한 바 정의와 긍휼과 믿음은 버렸도다. 그러나 이것도 행하고 저것도 버리지 말아야 할지니라."

십일조는, 구약성경에는 복과 저주가 딸린 명령이지만 신약성경에는 상벌에 대한 언급이 없고 기록된 곳도 단 몇 구절에 불과하다. 그러나 십일조는 예수께서 "버리지 말아야 할지니라" 하고 지적하신 교훈이므로 교회는 성경대로 "가르쳐 지키게" 해야 한다. 유효, 폐기를 떠나서, 친목회에도 의무회비가 있는데 신자들이 그 정도의 헌금도 하지 않으면 교회가 어떻게 고유한 임무를 수행해 낼 수 있겠는가? 사회도 소득공유를 부르짖는 시대가 아닌가.

제92서신

절제의 미덕

80퍼센트(제88회서신)에 이어서, 제한된 범위 안에서 절제에 대하여 좀 더 이야기 하고자 한다

신자가 여남은 명 정도 출석한 교회에서 한 방문 설교자가 설교를 하면서 마치 수백 명의 화중 앞에서 하듯 음성을 한 옥타브 높여서 사자후를 토했다. 열의는 좋았지만 회중은 목사의 고성에 큰 부담을 느꼈다.

같은 빌라의 이웃 부부들이 한 가정에 저녁식사 초대를 받았다. 만찬이 끝난 후 주인의 요청으로 손님 중 한 여성이 노래를 불렀다. 그리 크지 않은 거실이었는데 그 여성은 눈을 부릅뜨고 입을 한껏 벌리고 목청이 찢어질 듯 큰 소리로 노래했다. 그(녀)는 자신이 어디서 누구를 위해 노래하는지 모르는 것 같았다. 아름다움은 고사하고 듣기가 여간 거북하지

절제의 미덕

않았다.

 애국가를 부른 한두 성악가들에 대해 이야기한 바 있거니와 가곡(歌曲) 또한 이와 다를 바 없어 보인다. 우리 가곡은 노랫말이 섬세하고 곡이 민족정서와 잘 맞아서 아름답고 때로는 향수(鄕愁)마저 자아내게 한다. 그런데 안타까운 것은 노랫말을 알아듣기 어렵다는 점이다. 노래하는 이가 자신의 음성을 조금만 절제해도 가사 전달은 물론 음악도 훨씬 좋아질 것 같은데…. 들을 때마다 안타깝다.

 오래된 아파트를 개수하면서 바닥과 벽채는 물론 샤워기와 세면대의 수도꼭지까지 새것으로 교체했다. 그런데 거주자들이 입주한 후에 곧 민원이 접수되었다. 그 중 하나가 세면대의 수도꼭지를 틀면 물이 튀어서 옷을 버린다는 것이었다. 그러나 수도꼭지는 필요한 만큼만 조심해서 열고 사용해야지 한껏 열어버리면 수압 때문에 물이 튈 수밖에 없을 것이다. 그것을 다 열고도 물이 튈 정도가 아니라면 수압이 낮아 여러 사람이 한꺼번에 사용할 때는 오히려 큰 불편을 겪게 될 것이다.

 얼마 전 광명의 한 교회에서 여성 중창단의 찬양을 듣는데 처음 듣는 음악인데도 노랫말을 똑똑히 알아들을 수 있었고, 음악을 뛰어넘어 교양미까지 엿보였다. 그들은 한 때 세계적

절제의 미덕

으로 이름을 떨쳤던 한 어린이 합창단의 단원이기는 했지만 지금은 사모를 포함해서 모두가 주부들인데도 공연을 직업으로 하는 "프로"들보다 수준이 높아 보였다. 재능과 노력에 절제를 더했기 때문일 것이다.

목사가 강대상에서 목소리를 낮추고 청중의 눈치를 살피라거나 기를 죽여 찬양하라는 말이 아니라, 다만 자신과 대상 사이에 놓인 규모(規模)를 알고 필요에 따라 절제할 줄 알아야 한다는 말이다. 참새 몇 마리 잡으려고 기관총을 난사하랴. 절제(節制) 해야 절재(絶才)된다는 말 유념하시라.

제93서신

떠나는 목사 - 교회의 입장에서

큰 기대와 환영의 박수를 받으며 부임하는 목사 뒤에는 쓸쓸하게 교회를 떠나는 이임목사가 있다. 이임 목사 중에는 명예롭게 정년퇴임하는 이도 있고 원하던 교회에 부임하기 위해 기쁜 마음으로 떠나는 이도 있지만, 갈 곳 없이 떠나는 이도 적지 않다. 전에 잠시 언급한 바 있는 옛 사람들의 손님맞이와 보내기(작별)에 대한 형식(形式)의 일부를 되짚어 보며 교훈을 얻고자 한다(제57서신 참조).

과거 우리나라에는 경제적 여유가 있는 집안에서는 찾아오는 과객(過客)에게 거처와 음식을 제공하는 풍습이 있었다. 과객은 대개 한 끼니 식사를 하거나 또는 하룻밤 신세를 지고 이튿날 아침에 떠나지만 게 중에는 이 핑계 저 핑계를 대면서 몇 날 며칠을 머무는 이도 있었다.

그런 길손은 흔히 오래 머무를 구실을 찾기 때문에 주인은

떠나는 목사

핑계꺼리를 없애야 했다. 그래서 혹 식객들끼리 투전을 해서 길손이 노자를 잃어버릴 경우 그것을 기화로 더 눌러앉게 되지나 않을까 해서 행랑채에서는 투전을 금했으며, 비가 온다 날이 저물었다 하며 출발을 미루거나 떠나갔다가도 되돌아 오지나 않을까 해서 장기 투숙 식객이 떠난다고 하는 날은 서둘러 음식을 공궤하고 해가 있을 때 재 넘어 주막집까지 배웅해 주기까지 했다고 한다. 또한 억울해서 못 떠나겠다는 말이 나오지 않도록 권속(眷屬)들에게 말과 행동을 조심하게 했다.

이제는 과거 집단거주 대가족 중심 농경사회가 핵가족으로 바뀌었고 주거 환경과 생활양식도 변해서 그와 같은 미풍양속은 옛 이야기가 되었다.

생각해보면 인간은 모두 이 세상에 잠시 머물다 가는 과객이다. 인간은 주어진 시간과 공간에서 피차 주인과 손님의 역할을 번갈아 하면서 살고, 목회자 또한 부임하는 목사와 떠나는 목사의 역할을 교대로 한다. 오늘의 취임목사가 내일의 이임목사라는 말이다. 차제에 떠나는 목사에 대한 교회의 도리 몇 가지를 제안하고자 한다:

첫째로, 목사가 빈손으로 교회를 떠나지 않도록 후의를 베풀어야 한다. 목사가 돈 때문에 비굴해지게 해서는 안 된다.

둘째로, 성실하게 목회한 목사라고 할지라도 공(功)이 있

떠나는 목사

으면 과(過)가 있기 마련. 공은 치하하고 과는 묻어야 한다.

셋째로, 목사가 마음의 상처를 안고 떠나지 않도록 배려해야 한다.

옛 사람들은 사랑하는 사람과의 이별(愛別離苦)을 인간의 여덟 가지 기본적 고통 목록에 넣기까지 했다. 목사에게는 섬기던 교회를 떠나는 것보다 더 큰 괴로움이 없을 것이다. 교회는 목사가 마음에 상처를 안고 떠나지 않도록 양보해야 한다. 서운함이 깊어지면 노여움이 되고 노여움이 길어지면 원한이 되며 원한은 모두의 삶을 황폐하게 만들기 때문이다.

제94서신

제스처 (gesture)

'제스처'는 사람의 몸짓, 손짓 또는 동작을 가리키는 말로서 적절한 우리말이 없어서 흔히 사용되는 외래어이다. 제스처의 이모저모를 살펴보고 그 중요성을 재인식하는 계기가 되기 바란다.

웅변과 제스처

우리가 "웅변"(eloquence)이라고 하는 것을 서양 사람들은 "스피치"(speech)라고 하면서 대화를 하듯 조용조용 연설한다. 생각해보면 설교도 웅변(또는 연설) 스타일과 대화 스타일로 구분되는 것 같다. 설교자는 자신의 설교 방식이 어떤 것이지 스스로 판단할 수 있을 것이다.

1950년대에는 웅변이 유행해서 웬만한 도시에서는 산림

제스처

녹화, 반공, UN 등을 주제로 하는 웅변대회가 한 해에 두세 차례 열렸다. 웅변을 하던 학생들은 단정한 복장과 바른 인사법은 물론, 단상에 올라가는 계단에서부터 청중을 등지지 않도록 청중이 오른 쪽에 있으면 왼발로 첫 계단을 밟는 등의 단상 교육을 받았으며 K-팝 스타들이 일사불란한 동작으로 춤추며 노래하듯 원고(原稿)의 내용에 따라 사용할 작은 동작과 표정까지 몸에 익혀야 했다.

제스처와 손

텔레비전에서 일기예보와 뉴스를 시청하다보면 공연히 손을 움찔움찔하거나 손을 들었다 내렸다 하는 등 안정되지 못한 출연자들이 의외로 많다. 그들의 손을 보면서 그들의 보도 매너를 관찰해보는 것이 설교자에게는 자신을 돌아볼 기회가 될 것이다. 제스처의 대부분을 손으로 하는 만큼 목회자는 특히 손을 사용하는 데 신중해야 한다.

설교자의 제스처

우리 옛 선비들은 손짓과 대화 중의 직접화법을 양반의 품위를 떨어뜨리는 행위로 생각하고 금기(禁忌)로 여겼다. 그것은 아마 경박한 언행을 피하고 꼭 필요한 말과 제스처만 사용하라는 교훈이었을 것이다.

설교나 연설에서 가장 중요한 요소는 두 말 할 것 없이 메시지(原稿)이지만 제스처는 메시지뿐 아니라 설교자의 '사람됨'까지 전달하는 수단이 되므로 설교자는 자신의 신분과 연령과 메시지에 알맞는 제스처를 적절하게 사용할 수 있어야 한다.

빌리 그레이엄 목사, 말틴 루터 킹 목사 및 오바마 대통령은 분명하고 절제된 제스처로 설득력 있는 설교와 연설을 한(하는) 대표적 위인들로 알려졌다. 그들을 따를 필요는 없지만 평가의 기준을 얻을 수는 있을 것이다.

목사의 인간관계

딸을 보면 어머니를 알고 친구를 보면 사람됨을 알 수 있다는 옛말이 있다. 여기서 어머니라 함은 가정교육을 의미하고 친구라 함은 사회생활 속의 인간관계를 의미하는 말일 것이다. 전자(前者)가 부실해서 기본이 안 된 사람은 아무리 좋은 교육을 베풀어도 만회가 어렵다는 것은 누구보다 목회자들이 실감하는 사실일 것이다. 우리가 알다시피 사람은 사회에 진출하기 전에 상식과 교양을 먼저 갖추어야 한다. 그것이 부족해서 애써 쌓은 학식과 경륜을 치욕으로 돌리는 경우를 우리는 어제도 오늘도 목격하며 살고 있다. 젊은 목회자들에게 인간관계의 기본인 상식과 교양에 대한 몇 가지 권면을 피력하고자 한다:

1. 판단력 : 사람은 사회적 동물이므로 원하든 않든 친구를 사귀고 단체에 가입도 하게 마련이다. 그러나 친구를 사

권다고 해서 그(들)에게 가치 판단의 주권마저 넘겨주어서는 안 된다. 어려울 때 도움을 준 친구나 단체에게는 후일 되갚으면 되려니와 받은 후의(厚意) 때문에 평생을 인격적 노예가 되어서는 안 된다.

목회와 삶은 선택의 연속이므로 남의 주장에 이끌려 다니지 아니하고 스스로 판단하는 믿음직한 목회자가 되려면 자신의 품성과 지적사유 능력을 부단히 개선해 나가야 한다. 독서와 명상이 최선의 방법 중 하나일 것이다.

2. 인간성 : 긍정적인 사람이 되어야 한다는 말은 해서 안 될 일까지 실행하라거나 허락하라는 말이 아니라 매사에 부정적인 견해를 가지고 "아닙니다," "안 될 거야"를 되뇌어서는 안 된다는 말이다. 선한 일, 필요한 일은 가능한 방향으로 생각하고 표현해야 한다는 말이다.

3. 우정 : 어떤 사람이 좋은 친구인가 하는 것은 친구들 간의 대화에도 심심찮게 등장하는 화두이며 예수께서도 여러 번에 걸쳐 말씀하셨다. 친구나 지인(知人)이 곤경에 빠지거나 여론의 질타를 받을 때는 잘잘못 간에 그를 위로하고 도울 방법을 찾아야 한다. 곤경에 빠진 친구를 위해 인터넷에 댓글 하나 달아주지 못하는 사이라면 친구라고 할 것도 없으리라.

4. 친구와 돈 : 돈을 주고받으면서 맺는 인간관계는 돈이 끊어지면 원망으로 끝난다. 수고해 주었다고 해서 사례하는 관계는 노사관계이지 친구관계가 아니다. 친구는 어려울 때는 명예를 걸고라도 몸을 던져 도와야 하지만 사례를 주고받는 관계는 아님을 알아야 한다.

5. 박수칠 때는 왜 치는지 깊이 생각해야 한다 : 박수를 칭찬으로만 착각해서는 안 된다는 말이다.

제96서신

도한호 박사의 牧會書信

성경 봉독과 교독

'봉독(奉讀)'은 받들어 읽는다는 고전적 표현이므로 좀 어려운 말이기는 하지만 강단 용어로는 그대로 사용하는 것이 좋을 것 같다. 예배를 인도하는 목사는 성경을 봉독하거나 교독문을 교독(交讀)할 때 말을 더듬거나 악센트를 잘못 주지 않도록 주의해야 한다.

우리가 시시때때로 시청하는 일기예보와 내비게이션 및 우리 생활 주변의 알림 방송에서, 아나운서나 보도자들이 악센트의 위치를 몰라서 엉뚱한 말을 강조하는 경우가 많다. 아래의 몇 가지 예문에 주목해주기 바란다(범례: *이탤릭체*는 잘못된 악센트, **명조고딕체**는 바른 악센트).

1) 장마를 알리는 일기예보에서 아나운서가, "내일 중부 지방에는 60미리의 *비가* 내릴 것이며 호남 지방에는 40미리의 *비가* 더 내릴 것이라고 기상청이 말 했습니다" 하고 예보

성경봉독 교독

했다.

아나운서는 비에 악센트를 주어 *비가, 비가* 하고 힘주어 말했지만 방송이 강우 예보이므로 비를 강조할 필요가 없고 그것이 어디에 얼마나 내릴 것이냐 하는 것이 중요하므로 (1) '중부지방에는 60미리,' (2) '호남지방에는 40미리'의 비가 (3) 더 내릴 것'이라는 대목에 악센트를 주어야 한다.

2) 내비게이션 안내가, "약 50*미터* 앞에 스쿨존 *지역*"입니다" 하고 어정쩡하게 말한다. '미터'가 중요한 것이 아니라 몇 미터 앞인가가 중요하며 지역이 중요한 것이 아니라 무슨 지역인가가 중요하므로 (1) '50'과 (2) '스쿨존'에 악센트를 주어야 하며, '존'과 '지역'은 같은 말이므로 '스쿨존 지역'이라는 말은 겹소리가 된다. 이 문장은 문법도 잘못되었으므로 "50미터 앞에 스쿨존이 있습니다" 하든지, "50미터 앞이 스쿨존입니다"로 고쳐 말해야 한다.

3) "전방에 과속 방지턱이 *있습니다*" 하는 경고도 이와 마찬가지이다. 우선 전방이니 후방이니 하는 말은 과거 전시에 전선(戰線))을 기점으로 사용하던 말이므로 '앞에'와 '뒤에'로 고쳐 쓰는 것이 좋으며, 있고 없고를 강조할 것이 아니라 무엇이 있는가를 강조해야 하므로 과속방지턱에 악센트를 주어 "앞에 **과속방지턱**이 있습니다" 하고 말해야 한다.

다행스럽게도 목회자들은 주야로 성경을 읽고 독서를 하

성경봉독 교독

고 글(설교와 주보)을 쓰기 때문에 의식 무의식 간에 바른 읽기와 언어감각을 잘 터득하고 있는 것 같다. 그렇다고 하더라도 강단에 오르기 전에는 드라마 출연자들이 각본을 '리딩' 하는 것처럼 성경 본문과 교독문을 여러 번 읽고 구문과 악센트를 파악해 두어야 한다.

요한복음 3장 16절은 이렇게 읽는 것이 바른 '리딩'일 것이다: 하나님이 세상을 이처럼 사랑하사 독생자를 주셨으니 이는 그를 믿는 자마다 멸망하지 않고 영생을 얻게 하려 하심이라.

제97서신

사용하지 말아야 할 말

사사로운 대화에서는 어법이나 어투가 문법에 어긋나더라도 화자의 개성을 드러낼 수 있어 이렇다 저렇다 말할 일이 아니지만 목사가 설교를 하거나 사회 지도층 인사가 공중 앞에 설 때는 마땅히 바른 어법을 사용해야 한다. 특별한 경우 외에는 사용하지 말아야 할 표현 몇 가지를 검토해 보았다.

1. **"몰라서 그러는데"** - 질문을 하면서 '몰라서 그러는데,' '몰라서 묻는데' 하고 말하는 사람들이 있다. 질문이란 원래 몰라서 하는 것이므로 이런 말은 불필요하며 때로는 질문하는 이의 의도가 의심받을 수 있다.

2. **"나 같은 경우에는"** - 대화중에 '경우' 라는 말을 즐겨 사용하는 이들이 있다. '나 같은 경우' 라고 할 것이 아니라, '나는' 하고 말해야 한다.

사용하지 말아야 할 말

3. **"앞 사람이 말을 다 해버려서"** – 인사말이나 축사 등 공공 모임에서 후 순위에 나서는 이들이 흔히 하는 말이다. 유머로는 좋으나 심각하게 할 이야기는 못된다. 앞 사람이 말을 다 해버려서 할 말이 없으면 간단히 하면 되려니와 이 말을 하는 이들은 흔히 앞사람 보다 더 길게 말한다.

주최 측에서 여러 사람에게 축사 등 같은 순서를 부탁할 때는 각자에게 말할 분야를 지정해서 중복을 피하게 하는 것이 좋을 것이며, 또한 순서를 맡은 이는 부탁 받은 부분에 대해서만 이야기하는 것이 예(禮)일 것이다.

4. **"…하고 그러는데," "오고 그러는데"** 등 – 말끝에 '그러는데'를 덧붙이는 것은 자신 없는 표현이다. '했는데,' '하고' 또는 '왔고'로 말해야 한다.

5. **"성경에 보면"** – 설교 중에 번번이 '성경에 보면 신명기 12장 24절에' 하고 말하는 이들이 있다. 그냥 '신명기 12장 24절에' 하고 말해야 한다.

6. **"생각이 듭니다," "이런 생각을 해 봅니다"** – 생각이 든다는 말은 누가 갑자기 의견을 물을 때 사용하는 말이지 설교나 선택된 주제를 가지고 토론을 할 때나 또는 부여받은 과제에 대해서 말할 때 해서는 안 될 말이다. 토론 중에 "이런 생각이 듭니다" 하고 말하는 것은 아무 준비도 하지 않고 왔다는 의미가 된다. "나는 이렇게 생각합니다," "이것이 옳

다고 생각합니다" 등으로 자신의 뜻을 분명하게 표해야 한다. 특히 설교는 하나님의 말씀을 선포하는 것이지 설교자 개인의 의견을 진술하는 것이 아니므로 모호한 표현을 삼가야 한 한다.

"기도했습니다," "감사했습니다" – 이 '했습니다'라는 과거시제의 표현은 "내가 기도했잖아요?" "그때 고맙다고 말했잖아요?" 하고 따지는 어투이지 공손히 아뢰는 표현이 아니다. '기도드립니다,' '감사합니다' 하고 현재형으로 말해야 한다(제30서신 참조).

제98서신

도한호 박사의 牧會書信

식사초대

밥상은 사람이 살아갈 에너지를 제공할 뿐 아니라 그 자체가 문화이며 예절이므로 대인관계에서 가장 중요한 부분을 차지한다. 음식과 관련된 몇 가지 상식을 정리해 보았다.

초대

음식을 대접하려면 음식점이나 접대장소를 정하고 초청해야 한다. 윗사람을 식사에 초청하면서 "무슨 음식을 좋아하시는지 몰라서 그러는데 음식점을 정해 주시면 그리로 가겠습니다" 해서는 안 된다. 이런 태도는 초청자의 의도와는 달리 상대방에게 부담을 안겨주며 예의에도 어긋난다. 경우에 따라 즐기는 음식을 물어볼 수는 있지만 접대는 초청자가 정하고 베푸는 것이지 상대방의 의중을 물어서 하는 것이 아

식사초대

니다. 젊은이들은 대개 뷔페식당 등 풍성한 식탁을 좋아하지만 연장자들을 음식 자체보다 편안하게 앉아서 공궤 받으며 대화할 수 있는 곳을 선호한다.

주문

가격이 천차만별인 음식점에서 "맛있는 것 드세요, 비싼 것 드세요" 하지 말고 초청자가 자신의 주머니 사정과 경우에 맞는 음식을 정하고, "이것은 어떨까요?" 하고 권하는 것이 좋다.

여러 사람이 음식점이나 찻집에 갈 경우 먹고 마실 것을 미리(빨리) 생각해 두어야지 다른 사람이 다 주문한 후에 까지 메뉴를 뒤적거린다거나 모두 다 숟가락을 놓은 후에까지 밥그릇에 코를 박고 있어서는 못쓴다. 젊은이의 그와 같은 태도는 인생면접 시험의 결격요건임을 알아야 한다.

식사기도

신자들은 음식이 차려졌는데도 기도하는 문제로 먹지 못

식사초대

하고 머뭇거리기 일쑤다. 상이 차려지면 초청한 사람이 환영의 말과 함께 기도하는 것이 좋으며 습관처럼 연장자나 목사에게 기도를 요청할 일이 아니다.

  음식 먹는 장소가 교회당이나 신자의 가정이 아니라 분주한 공공장소일 경우 굳이 대표기도를 할 필요가 없을 것이다. 음식을 앞에 놓고 기도하는 일로 눈치를 살피거나 기도를 요청받은 이가 다른 사람을 지목하면서 사양하는 등의 일은 없어야 한다. 각자가 감사하고 먹도록 지도하는 것이 좋을 것이다.

제99서신

가정교육

  자녀교육에 대해 장담할 수 있는 사람은 아무도 없을 것이다. 가정교육에는 왕도가 없기 때문이다. 성경 속의 위대한 인물 가운데 엘리 제사장, 예언자 사무엘, 다윗 왕 같은 이들이 자녀교육에 실패한 아버지로 나타난 것을 보면 자녀교육이 나라를 다스리는 것과 목회보다 더 어려운 일이라는 사실을 실감하게 된다.

  세상에 보기 싫은 것 세 가지 중 첫째가 "버릇없는 아이"라는 옛말이 있다. 여행을 다니다 보면 공공장소에서 소란을 떨고 응석을 부리는 아이들이 가끔 눈에 띄는데 그 중 우리나라 아이들이 제일 많아 보인다. 어린 시절에 가정교육을 실패하면 그 후 아무리 좋은 교육을 베풀어도 가정에서 못한 인성교육을 공교육 과정에서 만회하기는 어려울 것이다. 때늦은 교육에는 한계가 있으며 사람에 따라서는 평생을 가도 그 공백을 매우지 못하는 예가 없지 않다.

가정교육

그래서 이그나치우스 로욜라는 "어린이를 여섯 살까지만 내게 맡기고 그 후에는 아무데나 데려가라"고 장담했을 것이다. 필자에게 배움이 가장 인상적이었던 것은 여섯 살 때 불과 몇 달 동안 가까운 서악서원(西岳書院)에 놀러 다닌 경험이다.

아이들은 어른들에게서 말과 행동을 배우면서 철이 든다고 볼 때 먼저 부모들이 바른 말과 바른 행동을 보여주는 것이 교육의 기본일 것이다. 가정교육이 어려운 것은 바로 그것이 말로만 되는 것이 아니라 본을 보여야 하기 때문일 것이다. 부모의 역할 몇 가지를 경험에 비추어 제안하는 바이다.

먼저, 부모가 자녀들의 좋지 못한 습관을 자랑처럼 말해서는 안 된다. 아이들 듣는 데서 "우리 아이는 인사성이 없어요, 야채를 안 먹어요, 밤 12시가 되기 전에는 절대 잠을 자지 않아요" 하는 등 아이들의 좋지 못한 습관을 방문객들에게 되풀이 말하는 것은 아이들이 그렇게 하도록 가르치는 것과 같다.

사람은 인사로 대면하고 차를 마시거나 음식을 먹으면서 교제를 시작하므로 바른 인사법과 밥상예절을 가르치는 것이 가장 시급하다 하겠다. 어린이가 밥상에서 조급한 행동을 보이거나 욕심을 부리는 것은 자신의 인격뿐 아니라 부모의

가정교육

체면까지 깎는다.

    외출은 가정교육에 대한 현장실습으로 생각하고 "나들이 목소리"를 가르치고, 여행 중에는 음식을 삼가하고 다른 사람에 대한 배려를 가르쳐야 한다. 목사가 신자들로부터, 목사님댁 아이들은 버릇이 없다는 말을 듣는 것은 목사가 예의를 모른다는 말과 다르지 않을 것이다.

휴가

「세종실록」에는 임금이 출산하는 노비들에게 "출산 휴가"를 주도록 명한 기록이 있다. 세계적으로 유례가 없는 일이 아닌가 생각된다. 그로부터 500년이 경과한 우리 사회에서는 제도적으로는 정착된 것 같지만 가치 이해는 여전히 부족해 보인다. 목회자에게 휴가는 일정 기간 교회를 떠나서 자신의 목회를 돌이켜 볼 수 있는 기회이므로 교회의 크기와 관계없이 필수적 요건이라고 해야 할 것이다.

휴가를 하지 못하는 목사

목회자들 가운데는 주어진 휴가를 찾아 쓰지 않는(못하는) 이들이 있다. 그들은 성격이 소심해서 자신의 일을 부사역자나 다른 사람에게 맡기지 못하거나, 또는 교회 형편이

휴가

어려워서 쉴 생각을 하지 못하는 이들일 것이다. 그러나 휴가는 목회를 쉬는 것이 아니라 목회 일정의 한 부분이라고 생각해야 한다.

휴가 기간 중의 출근

휴가 중에 출근하는 이들이 가끔 있다. 그런 이들은 아마 휴가 중인 사람은 일시적 업무 정지 상태라는 것을 모르기 때문일 것이다. 공직자나 직장인에게는 휴가 중에 출근해서 이것저것을 관여하거나 결재에 끼어드는 것은 제도적으로 금지된 일이며, 그렇지 않다고 하더라도 휴가 기간 동안 자신의 업무를 대행하는 직원에게는 월권이 된다는 사실을 알아야 한다. 그러려면 아예 휴가를 신청하지 않는 것이 좋을 것이다.

필자가 교단 기관에 근무할 때 직장 선배 한 사람이 여름 휴가철마다 직원들에게, 집에서 할일 없이 소일하느니 출근해서 함께 일하자고 권하였다. 그것을 눈치 챘는지 부서 책임 선교사가 전 직원에게 규정에 정해진 휴가를 다 사용할 것과 휴가 기간 동안에는 출근하지 말 것을 지시하였고 그 해 여름부터 직원들은 마음 편한 휴가를 가질 수 있었다.

목사의 휴가

목사는 자신의 휴가뿐 아니라 부사역자와 직원들의 휴가를 배려하고 신자들에게도 휴가의 의미와 필요성을 계몽해야 한다.

목사에게 휴가는 가족과 함께 여행을 하거나 기도원이나 쉼터를 찾아서 자신의 목회를 객관적으로 평가하고 재충전하며 평소에 하지 못한 독서와 저술을 한다거나 건강을 확인할 절호의 기회이다.

목사가 잠시 교회와 가정을 떠나는 것은, 오히려 신자들과 가족에게 쉼과 여유를 준다고 생각해보기 바란다. 또한 일에서 떠나 있을 때 평소에 보지 못하던 것이 보이는 법이다. 적절한 휴식은 장기 목회 정거장으로 가는 기차표와 같은 것이다.

제101서신

시간이 없어서

 현대인이 가장 많이 사용하는 말이 아마 "시간이 없어서"와 "길이 막혀서"일 것이다. 생각해보면 하루 스물네 시간, 일 년 365일이 만인에게 공평하게 주어져 있는데 시간이 없다고 말하는 것은 결국 시간의 길고 짧음을 말하는 것이 아니라 일의 우선순위를 의미하는 말일 것이다. 특히 목회자는 어떤 일이 우선이냐 하는 문제를 놓고 고심하는 경우가 적지 않다. 시간이 모자라서 계획한 일을 다하지 못하는 경우는 어쩔 수 없다 하더라도, 선택과 활용을 잘못해서 중요한 일을 놓치고서 공연히 시간을 탓하는 경우도 적지 않아 보인다. 그런 경우 두세 가지를 짚어보고자 한다.

시간이 없어서

면담에 대하여

신자들 중에는 "목사님을 뵈려고 했는데 목사님이 원채 바쁘셔서요" 하면서 책임을 목사에게 전가하는 경우가 종종 있다. 이 말이 맞는 경우도 있겠지만, 목사는 낮에는 교회에 있고 밤에는 사택에 가서 잠자며 새벽에는 다시 교회에 나가 기도회를 인도하는데 신자든 누구든 목사를 만날 마음만 있으면 이 중 어디서든 원하는 시간에 목사를 찾아가 만날 수 있을 것이다. 목사도 이와 마찬가지일 것이다. 시간이 없는 것이 아니라 적극적인 의지가 부족하다는 말이다.

공동 집회나 특별 예배에서

특별 집회에서 사회자가 "시간이 없어서요"를 거듭 말하면서도 순서 담당자가 도착하지 않았다며 기다리고, 찬송가는, "저 천당 올라가 우리 주님 앞에서…" 하는 4절까지 몇 장을 더 부르고, 그 예배와 잘 맞지도 않는 특별찬양은 서너 개씩을 순서에 넣어놓고, 이 말 저 말 할 말은 다 하면서 순서 맡은 내빈이나 설교자에게 "간단히"를 요구하는 경우가

시간이 없어서

가끔 있다. 애꿎은 시간 타령을 하지 말고 차근차근 순서를 진행하는 것이 시간을 벌 수 방법일 것이다.

설교나 초청강의에서

초청강사가 시간이 없어 할 말을 다 못하겠다는 등의 말을 하는 것은 주최 측에 결례를 범하는 것이다. 강사는 주어진 시간에 맞추어 준비해 와서 알맞게 전달하면 되는 것이다. 작은 주제나 낱말 한두 개를 가지고 몇 시간 또는 몇 달을 가르칠 수 있다고 말하는 것이 대단한 것으로 착각하지 말 일이다(제51서신 참조). 5분도 길고 열 시간도 모자라는 것이 시간이다. 사용하는 이의 규모 있는 판단은 시간을 생산하고 무모한 대처는 그것을 죽인다. 시간의 주인이 되어야지 종이 되어서는 안 된다(제 75서신 참조).

오늘의 선교

한국교회는 지난 세대동안 해외 파송 선교사와 선교단체의 수가 급격히 증가해서 명실 공히 선교시대에 접어들었다. 필자는 상식을 토대로 우리 시대의 선교를 반성하고자 한다.

선교지

선교사는 외교관처럼 초청장을 들고 선교지로 가는 것이 아니라 아무도 환영하지 않는 복음의 오지(奧地)를 향해 떠나는 목숨을 건 여행자이다. 그러므로 누구든지, 하필이면 그런 곳을 선택했느냐고 하든가, 거기서 성공할 수 있겠느냐고 말해서는 안 된다. 선교는 복음을 들고 선교지로 들어가는 것 자체를 성공으로 보아야 하기 때문이다.

오늘의 선교

선교지 방문

파송되는 선교사는 피선교지의 역사와 문화를 연수(練修)하지만 선교단체나 후원교회가 회원을 모집해서 "선교지 방문"을 할 경우에는 방문자들이 목적지에 대한 지식이 부족하므로 각별한 주의가 필요하다 하겠다. 남녀를 불문하고 신체 노출을 금하여 팔다리는 물론 얼굴까지 감싸고 외출하는 나라에 가서 반소매와 반바지를 입고 거리를 활보한다거나, 여성이 길에서 큰 소리로 말하는 것과 뛰는 것조차 금기로 여기는 나라에서 무리지어 찬양을 하며 웃고 떠들고 다니는 행위는 방문자들의 헌신과 열정과는 달리, 그 지역 선교사들이 오랫동안 다져놓은 주민들과의 친화관계를 하루아침에 허물어 버리고 화를 자초하는 행위가 될 수 있다. 비단 선교뿐 아니라 관광 목적의 여행에서도 방문지의 문화를 살펴 존중할 줄 아는 신중한 태도가 필요할 것이다.

선교비와 선교사

1) 개교회가 자체적으로 선교사를 파송할 경우에도 선교사 교육과 훈련은 선교기관(부)에 맡겨야 하며, 선교비(후원금) 역시 공인된 선교기관을 통해서 지급하는 것이 좋다.

2) 교회 재정상황이 어려워지면 선교비부터 감하는 것은 교회의 존재 이유를 모르는 처사이다. 선교를 축소하면 교회의 존재 이유도 그만큼 축소되며 신자들의 헌신도도 그와 비례할 것이다.

3) 선교사들은 일부 선교사들이 구미(歐美)의 대학에 자녀를 유학 보내는데 반해 국내 대학에 다니는 자녀의 등록금을 마련하는 데도 허리띠를 졸라매야 하는 후원 목회자들도 적지 않다는 사실을 유념해야 한다. 선교사의 자녀라고 해서 유학을 못한다는 법이 없고 학업이 우수해서 장학생으로 선발되는 것은 자랑스러운 일일 것이다. 단지, 후원교회(자)와 선교사는 서로 간에 위화감이 조성된다거나 장애 요인을 만들지 않도록 피차에 주의를 기울여야 한다는 말이다.

목사 칼럼

목회자들이 정기적으로 주보에 게재하는 칼럼의 이름으로는 "목사 칼럼"과 "목회 단상"이 제일 많은 것 같다. "목사 칼럼"이란 제목은 "목회자가 쓰는 글"이라는 넓은 의미로 붙였다.

기성 문학인이나 저술가들도 탈고(脫稿) 직전에는 독자의 입장에서 문장 부호와 사용한 수치의 정확성, 단락 구분 등을 반드시 점검한다. 목회자들이 주보에 발표하는 단상(斷想) 성격의 글은 전반적으로 내용과 필치(筆致)가 좋아서 그 중 어떤 것은 문학 전문지에 올려도 손색이 없어 보인다. 그러나 글을 전개하는 데 필요한 기본적 결함이 종종 눈에 띄어 단락(段落, 文段, paragraph)을 중심으로 한두 가지 조언을 하고자 한다.

첫째로, 알다시피 몇 개의 문장이 모여 단락이 구성되고 몇 개의 단락이 한 편의 글이 된다. 특별한 경우를 제외하고

목사 칼럼

는 단락은 최소한 두 문장 이상으로 구성해야 한다.

둘째로, 단락의 외형적 표시 방법은 새 단락의 첫 줄을 몇 자 들여 쓰는 것이다.

셋째로, 단락은 글이 길다고 해서 아무렇게나 끊어 만드는 것이 아니라 '내용상의 구분'이 필요한 곳의 첫 줄을 들여쓰기로 표시하는 것이다. 단락을 사람의 몸에 비교한다면 시작하는 단락은 머리와 같고, 내용은 몸통, 결론은 발과 같을 것이다. 인체는 크고 기니까 적당히 구분된 것이 아니라, 각각의 기능과 소재에 따라 머리와 가슴, 복부와 엉덩이, 허벅지와 종아리, 발 등으로 구분되었다. 이와 같이 글도 이어지는 단락에 따라 모양과 내용을 새롭게 전개해야 한다. 탈고 전에는 반드시 점검해야 한다.

넷째로, 글을 읽으면서 안타까운 것은 장(쪽)을 넘길 정도로 단락이 긴 글과 문장과 단락을 구분하지 못하고 모든 문장의 첫 줄을 다 들여 써서 각각 단락처럼 만들어 버린 글과 내용을 무시하고 아무렇게나 단락을 구분해놓은 글을 읽을 때이다. 그것은 마치 목과 허리, 무릎과 발목이 없거나 제멋대로 붙은 사람을 보는 것과 같다. 그런 글은 부자의 유언장이 아니한 끝까지 읽어 줄 사람이 흔치 않을 것이다.

다섯째로, 다른 사람의 글은 그 사람의 인격처럼 존중할 줄 알아야 한다.

목사 칼럼

1) 글에 사용된 고딕체와 이탤릭체 또는 콤마(,)와 세미콜론(;) 등의 문장부호는 그것이 사용된 이유를 생각하고 함부로 손을 대서는 안 된다.

2) "가지고 오세요"를 "갖고 오세요"로 쓸 수도 있지만 글 쓴 이의 선택을 존중해야 한다. 점잖은 말과 글은 약자를 선호하지 않는다.

3) 남의 글의 단락을 함부로 바꾸어서는 안 된다. 신문은 단(段)이 짧기 때문에 책보다 단락을 짧게 구분하지만 원고의 기본 틀을 깨뜨려서는 안 된다.

성경의 장과 절이 내용과 상관없이 아무렇게나 구분되었다고 가정해 보시라. 젊어서부터 문장의 이치를 터득하고 글을 쓰면 목회 경륜과 함께 필치 또한 빛날 것이다.

추천과 청탁

  추천은 필요 요인이요 청탁은 해악 요인이 분명한데도 불구하고 이 둘은 분간하기가 쉽지 않다. 교회를 포함해서 기관 단체의 장은 규모와 관계없이 개인적 또는 공적으로 추천을 요청하기도 하고 받기도 하며 때로는 청탁에도 직면하므로 젊은 목회자는 이 문제에 대해서 일찍부터 바른 인식과 판단을 가져야 한다.

추천(推薦)

  추천은 훌륭한 인재를 찾아내어 적재적소에 배치할 수 있는 유익하고 필요한 수단이다. 그러나 추천이 지나쳐서 청탁이 되지 않도록 조심해야 한다. 동일 기관의 상위 직급자가 자신이 속한 기관에 사람을 추천하면 직권남용의 위험이 있

추천과 청탁

고 친인척을 추천하면 정실인사에 빠질 위험이 추가되며 금품을 주고받으면 청탁에 뇌물공여와 뇌물수수의 올무에 빠지게 된다.

직계가족이라 하더라도 공개채용 과정을 통해서 정당한 평가를 받는다면 문제될 것이 없을 것이다. 그러나 공명사회에서는 법이 허용한다고 해도 재직기간에 직계가족을 추천하는 것은 스스로 삼가야 한다. 근래 공공기관의 인사(人事)행정은 전문성과 경험을 중시하며 채용과정이 객관적이며 투명해서 편의점이나 기도원에서 사람을 쓰는 것처럼 단순하지 않다는 것을 알아야 한다. 또한 추천의 목적은 기관 단체의 발전에 필요한 사람을 천거하는 데 있는 것이지 취직을 알선하는 데 있는 것이 아님을 알아야 한다. 최선과 차선을 구별해야 한다는 말이다.

청탁(請託)

추천과 청탁을 구분하는 방법 중 하나는 흔히 결과에 대한 추천자의 태도이다. 채용과정이 종결되었을 때 추천자가 일의 성패를 떠나서 결과를 수용하고 감사할 줄 알면 추천으로 볼 수 있겠으나 결과에 불만을 품고 원망하고 직권을 이용해

추천과 청탁

서 위협하거나 보복하면 청탁이요 직권남용이 된다.

　인사 청탁은 공공기관이나 그에 준하는 기업체보다 기독교 기관에서 더 심해 보인다. 기독교 기관의 임직원이 교단 유력 인사들의 친인척으로 구성되는 것은 업무의 질을 떨어뜨리고 인사와 상벌에 공정성을 잃어 결과적으로 기관 발전에 저해 요인이 된다. 그래서 한 때, 어떤 교단연합사업 기관은 복마전(覆魔殿)이라고 불리기까지 했다. 청탁은 지도자의 금기임을 알아야 한다.

　- 청탁은 비단옷을 입고 웃음으로 다가가지만 일이 성사되지 않으면 비단옷은 갑옷으로 웃음은 원망으로 돌변한다. -

광고(廣告)

광고는 교회에 따라 알림, 공지, 권면, 교회 소식 등 여러 가지 어휘로 사용된다. 목회자는 광고가 아무나 준비 없이 나서서 단순히 교회 소식을 알리는 것이 아니라, 예배의 일부라는 사실을 인식하고 찬송과 기도와 말씀 선포 등 예배의 기본 요소에 준하는 주의를 기울여 준비해야 한다.

담당자

광고는 교회에 따라 부사역자 중 사회자가 하거나 재직 가운데 담당자를 세우기도 하지만 근래에는 많은 교회에서 담임목사(당회장)가 직접하는 것 같다. 그것은 광고 시간이 한 주간 동안의 목회활동을 이야기하면서 권면과 격려를 할 수 있는 유일한 기회이기 때문일 것이다.

광고

　광고를 다른 사람이 할 경우 목사는 자연히 설교를 통해서 광고 성격의 중요 소식을 전하고 권면하게 되는데 그것은 바람직하지 못해 보인다. 설교는 말씀 선포인데 자칫하면 설교 중에 신자가 공개를 원하지 않는 개인적 "소식"이나 목사 자신의 집안 이야기 및 견문기(見聞記) 수준의 목회소감을 구구히 말할 위험성이 있으며, 이렇게 되면 말씀에 권위가 떨어지고 때로는 신자를 실족하게 할 수도 있기 때문이다.

제안

　1) 광고는 담임목사가 하되 예배 순서에 "광고"를 "권면"으로 바꾸고, 목사는 이 "권면"을 통해서 교회 소식을 전하면서 격려도 하고 책망도 하는 것이 좋을 것이다. 이 경우 일상적인 교회 소식은 주보에 게재하고 담임목사는 꼭 언급해야 할 주요 내용만을 말할 수 있을 것이다. 만약 목사 외에 광고 담당자를 세울 필요가 있을 경우에는 주중에 반드시 담임목사를 면담해서 광고 내용을 의논하고 조정하게 해야 한다.
　2) 예배는 정해진 순서에 따라 절도 있게 진행해야지 설교하다 말고 광고하고 헌금 하는 중에 부음(訃音)을 전하는 등 순서 간의 경계를 허물어 버리고 유머와 농담을 구분하지 못

광고

하면 신자들은 곧 예배의 경건성을 등한히 하고, 예배를 잡담도 하고 들락거리면서 전화도 받는 친목회 수준으로 생각하게 될 것이다(제15서신, 제45서신 참조).

저녁 예배, 오지(奧地) 교회 또는 단 몇 사람이 모인 작은 교회라고 해서 아무렇게나 해도 된다고 생각해서는 안 된다. 예배를 제사나 국경일 의식처럼 엄격하게 드려야 한다는 말은 아니지만 목사는 예배의 경건성이 지켜지는 것만큼 품위를 유지할 수 있다. 예배는 담임목사의 "원맨쇼"가 아니다. 제발, 잡담을 금하고 농(弄)을 멀리하며 중언부언하지 말고 간결하게 인도하시라. 그러면 신자들의 태도가 한 주간 안에 변화될 것이다. 잘 준비된 예배가 준비 없는 광고와 종횡무진 인도로 인해 훼손되어서는 안 되겠다.

> "너는 진리의 말씀을 옳게 분별하며
> 부끄러울 것이 없는 일꾼으로 인정된 자로
> 자신을 하나님 앞에 드리기를 힘쓰라"
>
> 디모데후서 2:15

도한호 박사의 목회서신

저　　자	도 한 호
발 행 인	도 한 호
초판발행	2012년 9월 12일
등록번호	출판 제6호(1979. 9. 22)
발 행 처	침례신학대학교 출판부(하기서원)
주　　소	대전광역시 유성구 북유성대로 190(305-358)
전　　화	(042)828-3255, 3257
팩　　스	(042)828-3256
홈페이지	http://www.kbtus.ac.kr
이 메 일	public@kbtus.ac.kr

값 12,000원
ISBN 978-89-93630-36-7　　03230